Jean-Marc Ausset

La place et le rôle des anges dans la Bible

Jean-Marc Ausset

La place et le rôle des anges dans la Bible

**Les anges au service de Dieu et de son Eglise.
Itinéraire d'un ange déchu**

Éditions Croix du Salut

Impressum / Mentions légales
Bibliografische Information der Deutschen Nationalbibliothek: Die Deutsche Nationalbibliothek verzeichnet diese Publikation in der Deutschen Nationalbibliografie; detaillierte bibliografische Daten sind im Internet über http://dnb.d-nb.de abrufbar.
Alle in diesem Buch genannten Marken und Produktnamen unterliegen warenzeichen-, marken- oder patentrechtlichem Schutz bzw. sind Warenzeichen oder eingetragene Warenzeichen der jeweiligen Inhaber. Die Wiedergabe von Marken, Produktnamen, Gebrauchsnamen, Handelsnamen, Warenbezeichnungen u.s.w. in diesem Werk berechtigt auch ohne besondere Kennzeichnung nicht zu der Annahme, dass solche Namen im Sinne der Warenzeichen- und Markenschutzgesetzgebung als frei zu betrachten wären und daher von jedermann benutzt werden dürften.

Information bibliographique publiée par la Deutsche Nationalbibliothek: La Deutsche Nationalbibliothek inscrit cette publication à la Deutsche Nationalbibliografie; des données bibliographiques détaillées sont disponibles sur internet à l'adresse http://dnb.d-nb.de.
Toutes marques et noms de produits mentionnés dans ce livre demeurent sous la protection des marques, des marques déposées et des brevets, et sont des marques ou des marques déposées de leurs détenteurs respectifs. L'utilisation des marques, noms de produits, noms communs, noms commerciaux, descriptions de produits, etc, même sans qu'ils soient mentionnés de façon particulière dans ce livre ne signifie en aucune façon que ces noms peuvent être utilisés sans restriction à l'égard de la législation pour la protection des marques et des marques déposées et pourraient donc être utilisés par quiconque.

Coverbild / Photo de couverture: www.ingimage.com

Verlag / Editeur:
Éditions Croix du Salut
ist ein Imprint der / est une marque déposée de
OmniScriptum GmbH & Co. KG
Heinrich-Böcking-Str. 6-8, 66121 Saarbrücken, Deutschland / Allemagne
Email: info@editions-croix.com

Herstellung: siehe letzte Seite /
Impression: voir la dernière page
ISBN: 978-3-8416-1959-4

Copyright / Droit d'auteur © 2015 OmniScriptum GmbH & Co. KG
Alle Rechte vorbehalten. / Tous droits réservés. Saarbrücken 2015

Jean-Marc AUSSET

LA PLACE ET LE ROLE

DES ANGES

DANS LA BIBLE

LES ANGES AU SERVICE DE DIEU

ET DE SON EGLISE

L'ITINERAIRE DE SATAN, ANGE DECHU

LES ANGES AU SERVICE DE DIEU

ET DE SON EGLISE

« Gardez-vous de mépriser un seul de ces petits ; car je vous dis que leurs anges dans les cieux voient continuellement la face de mon Père qui est dans les cieux. »

Evangile de Matthieu ch : 18 v 10

INTRODUCTION :

Jean Calvin dans son Institution Chrétienne (Livre I ch 13) écrit au sujet des anges :

« Les anges sont dispensateurs et ministres de la libéralité de Dieu envers nous……
Ils sont toujours aux aguets pour notre salut, ils sont toujours prêts à nous défendre, ils nous indiquent ses voies et ils ont soin de nous en toutes choses, pour nous garder de mauvaises rencontres. »

Si j'ai fait appel à cet éminent théologien, c'est, qu'en effet, je ne voudrais pas que quiconque puisse douter de l'importance du sujet ni de sa pertinence.
Je suis d'ailleurs étonné que le thème des anges fasse si peu souvent l'objet d'études ou de prédications. Craindrait-on, en évoquant ces êtres invisibles, participer à quelque démarche plus ou moins occulte voire fantasmagorique ?
Ou bien, considèrerait-on cet objet d'étude comme sans intérêt ni importance ?
N'ayant pas de réponse à ce quasi unanime silence, c'est donc sans a priori que j'ouvre ce chapitre de l'univers de Dieu dont le pouvoir créationnel déborde largement les mondes terrestre et céleste et qui n'a pas fini de nous émerveiller.

A cet effet, j'ai eu recours, non seulement à la Parole de Dieu, mais aussi aux dictionnaires et encyclopédies bibliques ainsi qu'à deux ouvrages écrits à cinquante ans de distance :
« le ministère des anges » de L.R Conradi (1920) et « les anges, agents secrets de Dieu » de Billy Graham (1975).

C'est sans grand étonnement que leurs tables des matières se sont révélées sur bien des points concordantes.
J'ai donc essayé de tirer le meilleur parti de mes diverses lectures pour une approche la plus complète et la plus abordable du sujet.
C'est ainsi que nous articulerons notre propos autour des deux propositions suivantes :

- Ce que sont les anges .
- Ce que font les anges .

A) Ce que sont les anges :

Avant de les définir, il importe de préciser ce qu'ils ne sont pas et ainsi de démystifier certaines croyances populo-religio-ésotériques non bibliques.
Les anges ne sont pas des feux follets que l'on rencontrerait, ici ou là, au détour des allées des cimetières ou aux abords des marécages et des forêts désertes, appelés Jack-o'lanterns en Angleterre ou spook-lights aux Etats-Unis.
Les anges ne sont pas non plus ces étranges personnages efféminés ou asexués que l'art pictural ou la littérature médiévale ont parfois imaginés et dépeints.
Moins encore que cela, les anges ne sont pas les esprits des morts tels que le spiritisme ancien et ses avatars modernes d'origine orientale s'escriment, à grands renforts d'ouvrages ésotériques aux titres accrocheurs, à faire croire à ses adeptes. Par leur intermédiaire, nous aurions accès aux « mondes dits parallèles » de l'autre côté de la mort.

La Bible est claire à cet égard : il ne peut y avoir de communication entre le monde des vivants et celui des morts !

Nous lisons dans le livre de Job ch 14 v 10 à 21 : (version Second)

v 10 : « l'homme meurt, et il perd sa force ; l'homme expire et où est-il ? »
v 12 : « Ainsi l'homme se couche et ne se relèvera plus, il ne se réveillera pas tant que les cieux subsisteront, il ne sortira pas de son sommeil. »

v 19 : « la pierre est broyée par les eaux, et la terre emportée par leur courant ; ainsi tu détruis l'espérance de l'homme. »

v 21 : « que ses fils soient honorés, il n'en sait rien, qu'ils soient dans l'abaissement, il l'ignore. »

Ainsi, après la mort, l'homme ne sait plus rien de ce qu'il advient des autres hommes, fussent-ils ses propres enfants !

Les amis ou les proches qui sont morts ne peuvent donc être, comme certains le prétendent, leurs anges gardiens, veillant sur eux et sympathisant avec eux dans leurs peines.

Voici un texte encore plus explicite : Ecclésiaste ch 9 v 5.6 :

« Les vivants savent au moins qu'ils mourront, mais les morts ne savent rien du tout. Il n'y a plus pour eux de salaire puisque leur souvenir est oublié. Leur amour, leur haine, leur jalousie ont déjà péri et ils n'ont plus aucune part au monde dans tout ce qui se fait sous le soleil. »

Ainsi, les morts sont-ils étrangers à ce qui se passe ici-bas.
Le spiritisme est un des plus grands stratagèmes conçu par Satan pour séduire l'humanité.

A cet égard, voici les injonctions divines dans Deutéronome ch 18 v 11 :

« qu'on ne trouve chez toi personne …..qui interroge les morts ! Car quiconque fait ces choses est en abomination à l'Eternel. »

1) les anges sont des êtres réels :

Ils ont été créés par Dieu comme le furent les hommes.

Colossiens ch 1 v 16 :

« C'est en Lui (Jésus-Christ) qu'ont été créées toutes choses dans les cieux et sur la terre, les visibles et les invisibles, trônes, seigneuries, principautés, puissances. »

Leur présence dans la Bible est un fait établi, tant dans l'Ancien Testament que dans le Nouveau. Les anges y sont mentionnés plus de trois cent fois !

Conradi précise que, non seulement, les anges sont réels car créés par Dieu, mais aussi qu'ils sont substantiels, autrement dit, qu'ils ont une corporéité propre.
Il s'appuie sur les deux textes suivants :

Esaïe ch 6 v 1.2 : vision du trône de Dieu
« Des séraphins se tenaient au-dessus de lui, ayant chacun six ailes, deux pour se couvrir la face, deux pour se couvrir les pieds, deux pour voler. »

Ezéchiel ch 10 v 12 : dans la vision céleste
v 5 : « le bruit des ailes des chérubins. »
v 7 : « le chérubin étendit la main. »
v 12 : « et tout leur corps (en hébreux : leur chair) leur dos, leurs mains et leurs ailes. »

Conradi aurait pu aussi citer l'Apocalypse dont le chapitre 14 fait mention « des anges qui crient à voix puissante les jugements. »

Par ailleurs, il est aussi question de la nourriture des puissants c'est-à-dire des anges (cf : traduction de Luther et version anglaise) , nourriture appelée la manne.

Psaumes ch 78 v 23.25 :

« pour les nourrir, il fit pleuvoir la manne, il leur donna du froment des cieux ; du pain des puissants, l'homme se nourrit. »

Pour appuyer ses dires, Conradi cite un théologien allemand, J.H Kurtz , dans Bibel und Astronomie (1865) - à propos de 1 Corinthiens 15 v 40 qui décrit les différents corps .

« Nous ne pouvons concevoir une créature dépourvue d'un corps car, tout ce qui est créé ne peut vivre, agir, en tant que créature, que dans

l'espace et le temps et il n'y a qu'une forme corporelle qui puisse lier la créature à l'espace et au temps. »
« Tout spirituels et célestes, tout supérieurs aux lois désagréables de notre forme corporelle, aux obstacles de nos natures grossières que nous puissions concevoir les anges, ils n'en sont pas moins des créatures et doivent, comme tels, payer le tribut d'une forme corporelle, quelque éthérée, délicate soit-elle et incompréhensible pour nos sens. »

Le Dictionnaire de la Bible de Zeller dit également :
« ils ne sont pas dépourvus de corps car nous ne pouvons guère concevoir une créature quelconque sans forme corporelle ; mais, ils sont revêtus d'un organisme plus élevé, plus délicat, éthéré, en rapport avec le système du monde céleste auquel ils appartiennent. »

Pour Conradi, les anges ont donc une forme de corporéité !
Billy Graham, quant à lui, considère qu'intrinsèquement, les anges n'ont pas de corps physique mais qu'ils peuvent prendre une forme corporelle, état que Conradi souligne aussi en citant les mêmes passages de Genèse 18 v 1-8 et de Genèse 19 v 1-3, où les anges partagent la nourriture des humains.

Ce qui sépare les deux commentateurs, ce sont les conclusions qu'ils en tirent.
Pour Conradi, puisque les anges ont partagé la nourriture humaine, cela signifie que ce sont des êtres matériels car des êtres immatériels ne peuvent se nourrir de nourriture matérielle.
Pour confirmer ses dires, il cite Luc 24 v 36-43 où le Christ ressuscité mangea avec ses disciples et leur dit : « touchez-moi et regardez-moi ; car un esprit n'a ni chair ni os, comme vous voyez que j'ai. »

Pour Billy Graham, les anges ne possèdent pas de corps physique dans leur état naturel, mais peuvent revêtir une enveloppe corporelle dans certaines circonstances.
En effet, pour lui et selon Hébreux 1 v 14 : « les anges sont des esprits chargés d'un ministère, envoyés en service pour ceux qui doivent hériter du salut. »

Pour autant, il ne parle pas de l'état organique des anges et souligne seulement qu'ils ne peuvent pas se reproduire car le mariage est inexistant selon Marc 12 v 25 : « car, lorsqu'on ressuscite des morts, on ne prend ni femme ni mari, mais on est comme les anges dans les cieux. »
Notons que le « comme » souligne seulement l'identité d'état par rapport au mariage, et non pas l'identité ontogénétique qui a rapport à la nature de l'être.

Nous avons donc deux thèses en présence, d'un côté, celle qui soutient que les anges ont un corps matériel possédant des ailes qui peut prendre forme humaine (Conradi) et, d'un autre côté, celle qui soutient que les anges sont des esprits capables de se matérialiser si nécessaire (Graham).
Où se trouve la vérité ?
Entre les deux thèses ou bien dans une synthèse d'éléments crédibles car bibliquement fondés ?
Disons-le d'emblée, les deux positions nous semblent s'appuyer chacune sur des arguments convaincants mais nous semblent pécher par excès quant à leur interprétation finale, Conradi par excès de littéralisme comme nous le verrons plus loin et Graham par excès de spiritualisme .

En effet, Conradi tire une loi générale sur la matérialité corporelle des anges à partir de deux phénomènes différents par nature dont l'amalgame ne peut que conduire à l'erreur :

Lorsqu'il cite Esaïe et Ezéchiel, il prend pour la réalité des choses, une description des anges qui relève du langage de l'image propre au contexte d'une vision, analogue à celles de l'Apocalypse de Jean où les peuples sont comparés à la mer et où la nouvelle Jérusalem est présentée au travers d'images qui ne sauraient traduire une réalité infiniment plus flamboyante encore.
Et, dans le même temps, citant Genèse 18 v1-8, où Abraham rencontre trois anges sous forme humaine, il en tire la même conclusion que les anges ont un corps matériel.

Or, les deux exemples ne relèvent pas de la même logique ni du même phénomène.
Le premier relève de l'image avec son pouvoir symbolique, porteur de sens (pureté, puissance, service) et ceci dans le cadre de la sphère céleste qui par nature n'est descriptible que par des métaphores.
Le second, relève d'un phénomène occasionnel, circonstanciel autrement dit exceptionnel, qui n'autorise donc aucune extrapolation permettant de définir l'état naturel et normal des anges.
Pour terminer, l'utilisation que fait Conradi des capacités physiques du Christ ressuscité présente un biais dans son interprétation. En effet, rien n'autorise à dire que le corps ressuscité du Christ est de la même nature que celui des anges. Leur origine et leurs prémices n'étant pas identiques, on ne comprendrait pas comment leur devenir pourrait le devenir.
Il ne peut y avoir identité de nature ou de structure entre le corps des anges et le corps ressuscité du Christ !

Est-ce à dire que les anges n'ont pas de corps ?

Billy Graham dit bien, et il semble avoir raison, que les anges n'ont pas, par nature, de corps physiques. Et, de fait, sauf pour des missions spéciales parmi les hommes qui nécessitent d'intégrer un corps matériel, les anges sont bien des esprits, des êtres célestes.
Comment donc concilier les deux nécessités ontologiques qui s'imposent à notre réflexion concernant les anges ?
- d'une part, leur nature purement spirituelle et
- d'autre part, leur identification et leur localisation par Dieu et par leurs semblables en tant qu'individus-esprits.

C'est ce volet que Billy Graham n'a pas entrouvert par excès de spiritualisme.

En effet, sur ce point, la Bible nous donne quelques clartés que Kurtz a su bien déceler en se référant à 1 Corinthiens 15 v 40, qui me semble être un passage-clé pour saisir la réponse à notre problème.
Reprenons ce texte :
Nous savons qu'il traite de la résurrection et que Paul répond à la question :

« Comment les morts ressuscitent-ils et avec quels corps viennent-ils ?

Dans sa démonstration, Paul ouvre l'esprit de ses lecteurs à des notions facilement accessibles car logiques, notions qui embrassent non seulement le monde terrestre mais aussi le monde céleste lequel, au demeurant, ne nous est pas préhensible.

Les prémices de son raisonnement sont les suivantes :
v 38 : « à chaque semence, Dieu donne un corps qui lui est propre. Ainsi, poursuit-il, toute chair n'est pas la même chair. »
Je pencherai pour prendre le mot chair (gr : sarx) dans un sens générique apparenté à celui de substance.
Partant de là, il énumère une série d'exemples : hommes, quadrupèdes, oiseaux, poissons qui relèvent de la population terrestre.
Puis, il élargit son champ de comparaison : les corps célestes dont les éclats diffèrent des corps terrestres : soleil, lune, étoiles ..
Paul met en évidence la multiplicité et la diversité de la création divine, chaque création ou créature étant adaptée à son milieu de façon parfaite.

Ainsi en est-il du corps ressuscité dont il donne les caractéristiques :
- semé corruptible, il ressuscite incorruptible
- semé méprisable, il ressuscite glorieux
- semé infirme, il ressuscite plein de force
- semé animal, il ressuscite corps spirituel

Paul termine en disant :
- tel est le terrestre, c'est-à-dire matériel, tels sont les terrestres
- tel est le céleste, c'est-à-dire, spirituel, tels sont les célestes.
Tout ceci nous conduit à dire, sans grand risque d'erreur, que les anges, hôtes célestes et de nature spirituelle, possèdent, comme le dit à propos, Kurtz, un corps, faute de quoi ils se dilueraient dans l'espace et perdraient ainsi toute identité, mais un corps d'une substance spécifique, d'une « chair » particulière, adaptée à leur milieu, en un mot, un corps « spirituel ».

Pour résumer ce chapitre, nous pouvons dire :

- que les anges sont des créatures de Dieu
- que chacun a sa personnalité propre. Nous verrons plus loin que chacun porte un nom
- que ce sont des esprits au service de Dieu
- qu'ils possèdent un corps spirituel adapté au monde céleste
- qu'ils peuvent prendre forme humaine pour des missions terrestres
- que tout en veillant sur les hommes, ils voient la face de Dieu le Père : Matthieu 18 v 10 :
« gardez-vous de mépriser aucun de ces petits : car, je vous le dis, leurs anges aux cieux voient constamment la face de mon Père qui est aux cieux. »

Enfin, il est bon de se rappeler que le mot « ange » du grec aggelos (heb : Mal'ak) ne désigne pas sa nature mais sa fonction, à savoir celle de messager.

2) Les anges constituent une famille :

Ephésiens 3 v 14-15 :

« C'est pour ce sujet que je fléchis les genoux devant le Père de notre Seigneur Jésus-Christ duquel toute famille qui est dans les cieux et sur la terre, tire son nom. »

Le mot famille traduit le terme grec patria (paternité) qui renvoie à la notion de groupe social ayant un même ancêtre.
Ce texte vient confirmer le lien de paternité qui unit Dieu à la famille angélique comme à ses créatures terrestres. La Bible, rappelons le fait référence plus de trois cent fois à la réalité des anges.

Apocalypse 5 v 11 nous renseigne sur ce que découvrit l'apôtre Jean :

« Puis, je regardai et j'entendis la voix de plusieurs anges autour du trône et des animaux et des vieillards ; leur nombre était de plusieurs millions. »

Ce texte fait bien la distinction entre les anges, les animaux et les hommes.

A cet égard, il est nécessaire d'insister sur le fait que les anges ne sont pas les âmes des esprits des morts mais des créatures de Dieu.

Les anges existaient avant la création de l'homme et même avant que les fondements de la terre fussent posés.

Dans Genèse 3 v 24, lorsque Adam et Eve furent chassés du jardin d'Eden, Dieu plaça des chérubins pour garder le chemin de l'arbre de vie. Or, aucun homme, à ce moment-là n'était décédé !
Dans Job 38 v 3-7 , l'Eternel interpella Job sur son existence lorsqu'il créa l'univers :

« Où étais-tu quand je fondais la terre ?....Puis, dans la foulée, Dieu fait référence aux témoins de cet acte majestueux :
« Qui est celui qui a posé la pierre angulaire pour soutenir la terre, lorsque les étoiles du matin poussaient ensemble des cris de joie et que tous les enfants de Dieu chantaient en triomphe ?

Nous avons ici, au moment de la création, l'évocation de la famille céleste préexistant avant la famille terrestre. Aucune trace ici d'esprits désincarnés !

Par ailleurs, la Bible différencie clairement la nature des hommes et celle des anges :

Psaumes 8 v 5.6 :

« Qu'est-ce que l'homme mortel que tu te souviennes de lui, et le fils de l'homme que tu le visites ? Car tu l'as fait un peu moindre que les anges. »

Les anges sont donc, par nature et par création, différents des hommes.
La seule ressemblance avec les anges apparaîtra lors de la résurrection par l'acquisition de l'immortalité :

Luc 20 v 36 :

« Ceux qui auront été jugés dignes d'avoir part à ce monde-là et à la résurrection d'entre les morts ne prennent ni femme ni mari. Car, ils ne pourront plus mourir car ils seront semblables aux anges et qu'ils seront fils de Dieu, étant fils de la résurrection. »

3) Les anges sont différents des hommes :

Nous avons déjà pu prendre conscience de cette réalité dans les chapitres précédents.
Déjà, le Psaume 8 nous a montré que l'homme est de peu inférieur aux anges, en particulier en ce qui concerne sa durée de vie.

Une étude plus poussée fait apparaître cinq différences notables que voici :

a) Les anges n'appellent pas Dieu « notre Père » :

Hebreux 1 v 5 :

« Car auquel des anges Dieu a-t-il jamais dit : tu es mon fils, je t'ai engendré aujourd'hui ? Et encore : Je serai pour lui un père, et il sera pour moi un fils. »

En effet, n'ayant pas péché, ils n'ont pas besoin d'être rachetés. Le terme « père » au sens plein du terme, est réservé dans le Ecritures aux pécheurs rachetés.
Les saints anges, en tant que créatures, peuvent considérer Dieu comme leur créateur c'est-à-dire comme leur père dans ce seul sens restrictif d'ordre créationnel.
Les anges déchus, eux, ont pour père, Satan qui le devint par choix.
L'homme naturel, non racheté, ne peut appeler Dieu « son père » que dans le sens restrictif de créateur.
La nouvelle naissance d'en haut, par l'Esprit, permet d'établir cette filiation spirituelle.

b) Les anges ne sont pas les héritiers de Dieu :

Romains 8 v 17 :

« Or, si nous sommes enfants, nous sommes aussi héritiers : héritiers de Dieu et cohéritiers de Christ. »

A cause de la rédemption, les chrétiens sont cohéritiers de Christ, ce qui n'est pas le cas des anges qui gardent, par ailleurs, la gloire qu'ils n'ont jamais perdue.
Etant restés des esprits au service de Dieu, ils ont gardé une place privilégiée dans l'ordre royal de la création de Dieu.

c) Ils ne peuvent témoigner du salut par la grâce :

N'ayant pas connu la détresse du pécheur conscient de son état de perdition, les anges ne peuvent donc pas connaître la joie extrême que provoque la découverte du pardon et de l'appropriation du salut, sublimée par la joie de la communion avec Dieu.

Par contre, les anges sont conscients de cette joie et, lorsqu'une âme accepte le don de la vie éternelle par Jésus-Christ, ils y participent allègrement, eux qui ont été les témoins de l'égarement dramatique du premier couple en Eden.

Luc 15 v 10 :

« C'est ainsi, je vous le dis, qu'il y a de la joie devant les anges de Dieu pour un seul pécheur qui se repent. »…au v 7 :…joie dans le ciel !

d) Les anges ne peuvent connaître le même type de communion avec Dieu que les rachetés :

Rien dans la Bible ne permet de penser que le Saint-Esprit habite les anges comme c'est le cas pour les rachetés.
Le Saint-Esprit met son sceau sur celui qui accepte Christ comme son sauveur et son maître.

Cet acte n'aurait aucun sens pour les anges restés fidèles à leur créateur.
Par ailleurs, le Saint-Esprit accomplit un ministère de reconstruction et de sanctification dans le cœur du croyant qui implique une étroite communion avec ce dernier. Un tel processus est étranger à l'expérience des anges dès lors qu'ils sont exempts de péché.
De plus, le Saint-Esprit guide, conduit le croyant et le transforme peu à peu à l'image de Dieu, dans la sainteté du Christ.
Les anges, quant à eux, sont revêtus d'autorité en raison de leur relation avec Dieu et de leur obéissance, et ceci, depuis la création.
Arrivera un jour, lors de la résurrection, où les croyants parviendront à la perfection qui est l'état des anges non déchus.

e) Les anges ne peuvent procréer car ils ne se marient pas :

Nous l'avons lu dans Matthieu 22 v 30.
On peut donc en déduire que le nombre des anges est constant.
Les anges demeurés fidèles ne meurent pas tandis que les anges déchus car rebelles à Dieu, subiront leur peine au jour du jugement dernier.

f) Autres différences avec les hommes :

Nulle part, la Bible ne parle de la nécessité pour les anges de se nourrir pour se maintenir en vie.
Cependant, à certaines occasions où ils ont pris forme humaine, ils ont mangé de la nourriture.

Genèse 18 v 1.2 : trois anges visitèrent Abraham à Mamré. L'un des trois était peut-être une théophanie de Jésus-Christ et ils mangèrent et burent.
Genèse ch 14 : Après la destruction de Sodome et Gomorrhe, deux anges vinrent voir Lot et sa famille et eux aussi mangèrent.

On a souvent comparé la manne mangée par le peuple d'Israël au désert à du « pain des anges » cf : Psaumes 78 v 25.

1 Rois 19 v 5 nous rapporte qu'un ange de Dieu vint réconforter le prophète Elie fatigué et découragé, et qu'il lui présenta par deux fois de la nourriture et de la boisson, ce qui lui permit de marcher quarante jours et quarante nuits.
Beaucoup d'exégètes pensent qu'Elie a mangé de la nourriture angélique.
Au demeurant, cette question n'a qu'une importance toute relative.

4) Les anges sont nombreux :

Matthieu 26 v 53 : Jésus dit à Pierre à Getsémanée :

« Penses-tu que je ne puisse maintenant prier mon Père qui me donnerait aussitôt plus de douze légions d'anges ? »
Une légion comptait entre trois et six mille hommes. Douze légions correspondaient à environ soixante mille soldats.
Il est évident que ce chiffre donné par Jésus n'est cité que pour donner une idée de la puissance des armées célestes.

L'apôtre Jean qui avait vu le ciel, la gloire et la majesté de Dieu ainsi que la grande armée des anges adorant devant le trône, s'exprime ainsi devant leur nombre dans Apocalypse 5 v 11 :
« Leur nombre était des myriades de myriades et des milliers de milliers. »

L'auteur de l'épître aux Hébreux ch 12 v 22, parle de myriades d'anges réunis en fête dans la cité céleste.

David dans le Psaume 68 v 18 évoque les chars de l'Eternel qui se comptent par vingt mille, par milliers et par milliers.

Dans Deutéronome 33 v 2, Moïse parle de l'Eternel au Sinaï et dit de Lui :

« Il a resplendi sur la montagne de Paran et Il est sorti du milieu des saintes myriades. »

Comme nous le voyons, les mots du vocabulaire humain sont insuffisants pour traduire l'immensité de la population angélique. Rappelons que le mot myriade est dérivé du bas latin myrias et du grec murias, qui désigne une dizaine de mille.

Et tous ces êtres, messagers de Dieu, esprits au service du créateur pour soutenir ses enfants sur terre et le glorifier dans les cieux ! Quel réconfort et quel sujet de reconnaissance !

5) Les anges sont élevés et puissants en gloire :

Ce chapitre est important à une époque où les activités du Malin et de ses armées redoublent d'intensité et d'ingéniosité pour affaiblir l'Eglise de Christ.

Par la foi, nous devons nous saisir de la réalité de la puissance surnaturelle des anges que Dieu envoie et utilise pour notre sauvegarde.
Sachons compter sur la présence à nos côtés de ces puissants envoyés du Très-Haut !

- Les anges parlent, paraissent et disparaissent.
- Ils ont des émotions et des sentiments.
- Parfois, ils se rendent visibles mais ordinairement restent invisibles.
- Ils sont toujours en action.

Nous ne voyons pas le courant électrique mais la lampe électrique nous éclaire et le radiateur chauffe !
Nous ne voyons pas le vent mais l'éolienne tourne, les vagues s'agitent et les parapluies se retournent !
Nous ne voyons pas le champ magnétique mais les marées se succèdent régulièrement et l'aimant attire toujours le fer doux !

Ainsi en est-il de l'action de l'Esprit et de celle de ses serviteurs les anges !
Pour n'en être pas visibles, leurs actions n'en sont pas moins réelles.

Les anges sont puissants car vivant dans la présence même de Dieu et équipés par Lui des moyens d'action efficaces et adaptés à leurs missions.
Chacune de leurs apparitions est accompagnée, en règle générale, d'une grande lumière.

Actes 12 v 7 : alors que Pierre est en prison :
« Un ange du Seigneur survint tout à coup, une lumière resplendit dans la prison. »

Matthieu 28 v 3 : l'ange au sépulcre du Christ :
« Son visage était comme l'éclair et son vêtement blanc comme la neige. »

Daniel 10 v 5.6 :
« Et, j'élevai les yeux et je regardai et je vis un homme vêtu de lin et dont les reins étaient ceints d'une ceinture d'or fin d'Uphaz ; et son corps était comme de chrysolithe ; son visage brillait comme un éclair et ses yeux étaient comme des lampes allumées et ses bras et ses pieds paraissaient comme le bruit d'une multitude de gens. »

Quelle magnificence et quelle gloire !

L'ange qui apparut à Jean sur l'île de Patmos était si glorieux que l'apôtre se jeta à ses pieds pour l'adorer, supposant que c'était le Seigneur lui-même . (Apoc 22 v 8)

Puissants, élevés et extrêmement mobiles et rapides, comme la lumière !

Ezéchiel en vit qui couraient et revenaient comme des éclairs (ch 1 v 14)
Daniel nous dit que l'ange Gabriel franchit, pendant qu'il priait, la distance qui sépare le ciel de la terre (ch 9 v 21)

Leur force est souvent évoquée en termes imagés mais évocateurs.

Apoc 18 v 21 :
« Un ange puissant prit une pierre grande comme une meule et la jeta dans la mer. »

Matthieu 28 v 3.4 :
L'ange envoyé pour libérer Christ du sépulcre, fit trembler la terre et les soldats tombèrent devant lui comme morts.

Les exemples ne manquent pas :

2 Rois 18 et 19 :
Le roi d'Assyrie Sanchérib et son armée sont face à Ezéchias, roi de Juda dont le nombre de soldats est mille fois moins élevé.
Ch 19 v 25, nous lisons :
« Un ange de l'Eternel sortit et tua cette nuit-là cent quatre vingt cinq mille Assyriens. »

La puissance des anges se manifeste aussi face aux éléments naturels.

Daniel 3 v 19.27 :
Les trois jeunes hébreux exilés à Babylone, Shadrak, Mechac et Abed-Nego sont jetés à cause de leur foi en l'Eternel dans une fournaise ardente sur ordre de Nébucadnetsar. Mais, surprise, non seulement ils ne sont pas consumés, mais, il y a à leur côté une autre personne que le roi décrira ainsi : « la figure du quatrième ressemble à celle d'un fils des dieux. »

Il en est de même de la puissance des anges face aux animaux.

Daniel 6 v 22 :
N'ayant pas appliqué un décret du roi Darius, Daniel est jeté dans la fosse aux lions pour être dévoré. Lorsque le roi vint voir dès l'aurore ce qu'il en était, Daniel toujours vivant lui dit :
« Mon Dieu a envoyé son ange et fermé la gueule des lions qui ne m'ont fait aucun mal. »

Tous ces exemples sont autant d'encouragements à nous confier en notre Dieu, chez qui il n'y a ni changement ni ombre de variation.

N'oublions jamais cette promesse faite au croyant de l'ancienne alliance qui est toujours d'actualité pour nous croyants de la nouvelle : Psaumes 91 v 12.13 :
« Aucun malheur ne t'arrivera, aucun fléau n'approchera de ta tente ; car, il ordonnera à ses anges de te garder dans toutes tes voies. »

6) Les anges sont organisés :

Dans la création de Dieu, tout est ordonné et d'une harmonie parfaite. L'infiniment grand comme l'infiniment petit en témoignent.
Ainsi en est-il du monde des anges qui semblent répartis en différents corps, en différents degrés à l'instar des armées terrestres.

A leur tête, nous trouvons le « commandant en chef » Jésus-Christ .

Apocalypse 19 v 4 :
« les armées du ciel suivaient « la parole de Dieu. »

Philippiens 2 v 3.11 nous dit que Christ commande tout car il est souverainement élevé et qu'il est Seigneur !

Les anges sont donc organisés hiérarchiquement .
Certains théologiens ne voient là qu'une hypothèse. Beaucoup, cependant, s'accordent pour distinguer plusieurs catégories.

On dénombre les archanges, les anges, les séraphins et les chérubins. Par ailleurs, sont aussi nommés les autorités, les principautés, les puissances, le trône, les dignités et les dominations. (Colossiens 1 v 16 et Romains 8 v 37).

Au Moyen-Age, les théologiens établissaient neuf degrés hiérarchiques. Certains exégètes hésitent sur la nature terrestre ou céleste des institutions mentionnées dans Colossiens 1.
Cependant beaucoup pensent que ces ordres illustrent les choses invisibles dont parle l'apôtre Paul, et qu'ils sont classés par degrés d'excellence ou d'emploi.
Que nous enseigne la Bible sur les archanges, les anges, les séraphins et les chérubins ?

a) L'archange Michel :

Le terme archange n'est mentionné qu'au singulier, ce qui suppose qu'il n'y en a qu'un.
D'ailleurs, un seul est nommé dans Jude 9, à savoir Michel.
Certains indices laissent à penser que Lucifer en fut un.
(Esaïe 14 v 12)

Le préfixe « arch » signifie premier, principal, chef.
Ainsi l'archange est-il l'ange principal, le chef. Ainsi, Michel est-il le premier prince du ciel, au sommet de la hiérarchie angélique.
Il est l'ange administrateur de Dieu pour le jugement. Son nom « Michel » ou « Micaël » signifie : « qui est comme Dieu ou « semblable à Dieu ».

Dans l'Ancien Testament, il est très souvent lié à la nation d'Israël.

Daniel 12 v 1 :
« En ce temps-là se lèvera Michel, le grand Prince qui se tient auprès des fils de ton peuple. »

Daniel 10 v 21 :
« Nul ne me prête main forte sinon Michel, votre Prince. »

Dans le Nouveau Testament, Michel est aussi évoqué :
Dans Apocalypse 12 v 7-12, il est désigné comme le messager de la Loi et du jugement de Dieu.
C'est lui qui conduit les armées contre Satan, le grand dragon et ses démons.
Il saluera par un grand cri la seconde venue de Jésus-Christ qu'il accompagnera.
1 Thessaloniciens 4 v 16 :

« Car le Seigneur lui-même, à un signal donné, à la voix d'un archange, et au son de la trompette de Dieu, descendra du ciel, et les morts en Christ ressusciteront premièrement.

Ensuite, nous, les vivants, nous serons tous ensemble enlevés avec eux sur les nuées, à la rencontre du Seigneur dans les airs, et ainsi, nous serons toujours avec le Seigneur . »

Michel, l'archange sera donc un des acteurs privilégié du plus grand évènement dont le monde entier et l'univers, jusqu'en ses régions les plus reculées, seront les témoins tremblants et subjugués.

b) Gabriel, autre grande figure angélique :

En hébreu, Gabriel signifie : héros de Dieu ou Dieu puissant.

Dans Luc 1 v 19, l'ange qui parle à Zacharie lui dit :
« Je suis Gabriel, je me tiens devant Dieu. »
Même si on le rencontre plus souvent que Michel, Gabriel n'est jamais appelé archange.

Il a un ministère particulier de messager de la grâce et de porteur de promesses.
En quatre occasions il annonce de bonnes nouvelles.
Il révèle les plans, les projets et les sentences de Dieu de grande importance.

Dans l'Ancien Testament, il apparaît deux fois à Daniel :

Au chapitre 8 v 15.16, il lui donne une vision des derniers temps.
Au chapitre 8 v 25, il énumère la succession des royaumes terrestres puis annonce le retour de Christ, le chef des chefs.
Au chapitre 9 v 21, il décrit la splendeur de la suite des évènements jusqu'à la fin du monde.

Dans le Nouveau Testament, Gabriel apparaît aussi deux fois :

Dans Luc 1 v 19, il se présente à Zacharie et lui annonce la naissance, la vie et le ministère de Jean Baptiste, précurseur de Jésus.
Dans Luc 1 v 30,33, il annonce à Marie la naissance de Jésus, Dieu incarné, devenu chair pour racheter les pécheurs.

c) Les séraphins : ardents et brûlants :

Avec les chérubins, ils semblent venir après l'archange et les anges dans l'ordre hiérarchique.
Peut-être sont-ils les autorités angéliques évoquées par Pierre dans sa première épître.

1 Pierre 3 v 22 :
« Depuis qu'Il est allé au ciel et que les anges, les autorités et les puissances lui ont été soumis. »

Nous ne rencontrons les séraphins que dans Esaïe 6 v 1 à 6, lors d'une vision terrifiante du trône du Seigneur au-dessus duquel on découvre des séraphins pourvus de six ailes qui proclament à voix forte la sainteté de l'Eternel des armées.

Ils sont consacrés à la louange du nom et des qualités de Dieu dans les cieux et à chanter sans cesse sa gloire.
Le verset 7 semble leur attribuer un ministère de purification des serviteurs de Dieu.

d) Les chérubins :

Aussi réels que puissants, ils souvent présents sous forme de symboles.
Nous les trouvons notamment :

- dans les ornements de l'arche de l'alliance et du tabernacle (Exode 25 v 18 / 1 Rois 8 v 7/
Exode 37 v 7 / Hébreux 9 v 5)
- dans le temple de Salomon (1 Rois 6 v 35)

Dès le livre de la Genèse (ch 3 v 24) ils apparaissent à l'orient du jardin d'Eden.

Le livre d'Ezéchiel nous en donne une description précise dans les chapitres 9 et 10 .

Ch 9 : Le Seigneur est descendu de son trône, au-dessus des chérubins, jusqu'au seuil du temple.
Ch 10 : Maintenant, Il remonte sur son trône. C'est alors que sont décrits les chérubins.

Ils ont des ailes, des mains et des pieds mais aussi, ils sont remplis d'yeux et entourés de roues entremêlées.
Ils ont assisté au départ progressif de la gloire de Dieu quittant Jérusalem.
Le bruit de leurs ailes annoncent un évènement d'une extrême importance (ch 10 v 5)

Ce chapitre est difficile à comprendre mais il révèle clairement que les chérubins sont intimement liés à la gloire de Dieu . (cf :Genèse 3)

Les chérubins ont en commun avec les séraphins de glorifier Dieu en permanence.
Mais, ce qui fait leur spécificité, c'est qu'ils veillent à ce que rien de profane ne vienne porter atteinte à la sainteté de Dieu. Ils marquent la ligne de séparation que nul ne peut franchir.
- En Eden, ils interdisent l'accès à l'arbre de vie.
- Sur le propitiatoire de l'arche, ils interdisent l'accès au Saint des Saints sauf au souverain sacrificateur porteur du sang des sacrifices.

Pour le croyant, promu au rang de sacrificateur et porteur du sang de Christ, l'accès au trône de Dieu est désormais ouvert (cf : Ephésiens 2 v 19 / Pierre 2 v 9)

B) Ce que font les anges :

1) Le concours des anges dans l'œuvre de Dieu :

De façon claire, nous pouvons affirmer que le ministère de la proclamation de l'Evangile ne leur a pas été accordé.
Cependant, Dieu ne les tient pas à l'écart de cette mission et sait les utiliser à sa façon.

a) Dieu les a chargés d'assister les prédicateurs :

C'est ainsi qu'un ange est envoyé par Dieu vers Corneille pour que Pierre vienne lui annoncer l'Evangile (Actes 10 v 1 à 48)
Corneille sera le premier païen converti et baptisé.

De même, c'est un ange qui envoie Philippe sur le chemin de Gaza qui est désert ! Et c'est là que l'eunuque éthiopien recevra le salut et sera baptisé. (Actes 8 v 26 à 40)
Ce haut dignitaire sera le premier africain converti et baptisé.

Aucun ange ne peut être évangéliste ; n'ayant jamais péché, les anges ne peuvent parler aux hommes de l'expérience du salut.

b) Dieu les a aussi chargés de préparer la venue de son Fils sur terre :

C'est ainsi que **Gabriel** fut envoyé vers Daniel (Daniel 9 v 24)

Daniel est encore en prière, confessant ses fautes et celles de son peuple lorsque l'ange vint s'entretenir avec lui et lui faire des révélations.
Gabriel ne prêche pas le salut mais il prophétise.
Il annonce que soixante et dix semaines ont été fixées « pour faire cesser les transgressions et mettre fin au péché, pour expier l'iniquité et amener la justice éternelle. Il prédit aussi que « le Messie, l'Oint sera retranché et qu'il n'aura pas de successeur. (cf : Esaïe 53)

C'est ainsi que **Gabriel** fut envoyé vers Zacharie (Luc 1 v 16 à 25)

Zacharie, descendant d'Aaron ainsi que son épouse Elisabeth, sont des Juifs très pieux, avancés en âge et sans espoir de postérité.
Gabriel leur annonce la naissance prochaine d'un fils, Jean Baptiste, qui sera le précurseur du Messie.

C'est ainsi que **Gabriel** annoncera à Marie qu'elle sera la mère de Jésus, le Sauveur !
Le message de Gabriel concernant la mission de Jésus sera assez explicite puisque Marie s'exclamera (Luc 1 v 41) :
« Mon esprit se réjouit en Dieu, mon Sauveur ! »

C'est ainsi qu'un **ange du Seigneur** parlera à Joseph, le fiancé de Marie.
La position de Joseph était dramatique. Sa fiancée, Marie est enceinte mais pas de lui.
Selon la loi juive, Marie est coupable d'adultère à moins que Joseph n'accepte les explications de sa fiancée.
Joseph réfléchissait à tout cela lorsque intervint un ange, dans un songe, qui lui expliqua l'histoire de l'incarnation et le rôle de Marie. (Matthieu 1 v 20).
L'ange précise même : « Il sauvera le peuple de ses péchés. »
Il ne s'agit pas ici d'une prédication mais de l'annonce d'une vérité fondamentale !

C'est ainsi que, lors de la naissance de Jésus à Bethléem, un **ange du Seigneur** apparut aux bergers présents dans les champs pour accompagner la venue de son Fils sur terre (Luc 2 v 10 et ss)
Ici, encore, l'ange ne prêche pas mais il annonce une bonne nouvelle : « aujourd'hui, dans la ville de David, il vous est né un Sauveur qui est le Christ, le Seigneur ! »
Et pour fêter l'évènement, Dieu envoie une multitude de l'armée céleste pour chanter sa gloire.

Un autre épisode mérite d'être cité. Il nous est relaté dans Actes 27 v 24 alors que le bateau qui transporte l'apôtre Paul à Rome se trouve en perdition.
Il semblait alors que l'issue devait être fatale à tous les passagers tant les éléments étaient déchaînés.

Mais, **un ange** apparut à Paul et lui dit qu'il n'en serait rien car, lui dit-il : « tu dois comparaître devant César. »
L'ange ne pouvait pas rendre témoignage à César, mais, Paul, lui, en était capable.
L'ange a donc contribué, par son intervention, à la mission de Paul à Rome.

2) Les anges dans la vie de Jésus :

Ce chapitre n'est qu'un aperçu des interventions des anges dans la vie de Jésus tant elles sont nombreuses.

Avant son incarnation, les anges étaient sous ses ordres.
Après son ascension au ciel, ils l'adorent devant le trône de Dieu : Il est l'Agneau immolé pour le salut des pécheurs.
Avant sa naissance, l'ange Gabriel, vint annoncer à Marie qu'elle mettrait au monde le Messie (Luc 1)
Lors de sa venue au monde, un ange et une multitude de l'armée céleste proclamèrent aux bergers la bonne nouvelle de la naissance de Jésus (Luc 2 v 9)

Ces apparitions célestes précédèrent et accompagnèrent la nativité, et lorsque Jésus commença son ministère public, elles ne cessèrent pas, et les anges y furent intimement associés.

En dehors de la mort sur la croix, la période la plus difficile de la vie de Jésus fut sans doute sa tentation au désert par Satan.

a) la tentation de Jésus au désert :

Les circonstances de cet épisode douloureux nous sont relatées dans Luc 4 et Matthieu 4 :

Quarante jours et quarante nuits de jeûne ont affaibli physiquement Jésus.
L'Adversaire, Satan, décide alors de profiter de cet état de faiblesse pour l'attaquer.

Après sa victoire en Eden sur Adam et Eve, il pense rééditer son exploit et en séduisant Jésus, ruiner les espoirs de salut pour l'humanité.
En fin stratège, il va viser les points de faiblesse de Jésus induits par son jeûne prolongé.
C'est ainsi que Satan va chercher à le tenter en utilisant des arguments de plus en plus élaborés. Par trois fois, il lui lance des défis mettant en cause son pouvoir divin.
Mais à chaque fois, Jésus répond en se référant à la Parole de Dieu : « Il est écrit ou Il est dit. »
Par trois fois, Satan est vaincu et finit par s'éloigner de lui jusqu'à un moment favorable.

C'est alors qu'interviennent des anges pour le fortifier une fois la victoire remportée.
Matthieu 4 v 11 :
« Et voici, des anges vinrent auprès de Jésus et le servaient. » (grec : diaconeo = service)

Ces ambassadeurs célestes vinrent soutenir, fortifier et encourager Jésus en cette heure d'épreuve.
Depuis lors, Jésus qui a été tenté comme tout homme en toutes choses sans jamais pécher, peut sympathiser avec les chrétiens et les aider à l'heure de la tentation pour qu'ils en sortent vainqueurs, et envoyer ses anges pour restaurer leurs forces.

b) La tentation de Jésus au jardin de Gethsémané :

Elle nous est rapportée dans Luc ch 22.

C'est la nuit qui précède la crucifixion de Jésus. Jésus est dans le jardin de Gethsémané (en araméen : le pressoir à huile) à l'Est de Jérusalem, au-delà du torrent de Cédron, jardin planté d'oliviers.
C'est là que Jésus aime se retirer pour prier.
Ce jour-là, il va y vivre une véritable agonie connaissant les enjeux du combat qu'il est en train de livrer.

Angoisse extrême d'une tension telle qu'il transpira des gouttes de sang. Là, tout près du pressoir à huile, Jésus subit des pressions énormes en ce lieu qui porte une lourde charge symbolique !
Jésus avait besoin de forces intérieures exceptionnelles pour supporter des souffrances qu'aucun être humain n'avait jamais connues et ne connaîtrait jamais.
Il s'agissait pour lui, non seulement de porter le péché des hommes, mais plus encore, de devenir péché pour notre salut !
Trois fidèles l'accompagnent : Pierre, Jacques et Jean.
Pourra-t-il s'appuyer sur eux ? Nullement, car les voici bientôt endormis !
Désormais, Jésus est seul, totalement seul, douloureusement seul !
Et, au plus fort de sa souffrance, il prie ;
« Père, si tu voulais éloigner de moi cette coupe ! Toutefois, que ma volonté ne se fasse pas, mais la tienne ! » (Luc 22 v 42)
C'est à ce moment crucial qu'un ange vint à son aide pour « le fortifier. »
Le terme grec eniskuon signifie : rendre fort intérieurement.
Les disciples dorment….mais les anges sont là à l'œuvre !

c) Les anges veillent près de la croix :

Matthieu 27 v 22 et suivants.

Lorsque Jésus est cloué sur la croix du Calvaire, les souffrances physiques, morales, spirituelles et psychologiques atteignent un paroxysme que nul homme ne connaîtra jamais.

Car, en effet, c'est là, sur cette colline lugubre appelée le Crâne, que, dans une atmosphère électrique chargée de haine, Jésus, Fils de l'homme et Fils de Dieu, non seulement endosse toutes les fautes et toutes les bassesses des hommes mais, de surcroît, incarne alors le Péché, Lui le Saint et le Juste !

Nul ne peut imaginer le séisme intérieur qui le secoue alors, pas plus que l'écartèlement, la dislocation de son âme gémissante sous la souffrance qui tel un fer chauffé à blanc le taraude jusqu'à en mourir.

C'est à ce moment-là que Satan va tenter son dernier atout.
S'il peut faire descendre Jésus de la croix, s'il peut, à la faveur des insultes et des quolibets de la foule, pousser Jésus à la colère , à un sursaut d'orgueil, ou au renoncement par trop de souffrances, alors c'en sera fait du plan du salut !
« Si tu es le Fils de Dieu, descend de la croix ! » (v 40)

Satan savait alors que Jésus pouvait descendre de la croix s'il le voulait. Il savait qu'il était entouré de plus de douze légions d'anges qui avaient déjà tiré leurs épées de leurs fourreaux.
Mais, il mésestimait la capacité de résistance de Jésus à l'ultime tentation.

Cette force intérieure qui anime Jésus en ces moments cruciaux réside dans son amour pour les hommes pécheurs. Toutes les ressources de son être déchiré sont mobilisées pour les arracher aux conséquences funestes du péché qui les ronge, à savoir, l'horrible solitude jusque dans l'éternité de la mort spirituelle.
C'est cette solitude, terrible dans son absoluité, effrayante dans sa radicalité, véritable désert sidéral où l'âme subit la morsure lancinante de la froidure et dont les plaintes se perdent à jamais dans une immensité sans échos et sans vie, que le Fils de Dieu jusqu'alors en dialogue permanent avec son Père, source de toutes joies et d'amour partagé, accepte d'être englouti.
Nous comprenons mieux le « Mon Dieu, mon Dieu, pourquoi m'as-tu abandonné ? » qui témoigne si intensément et tragiquement du vertige qui saisit Jésus dans cette descente atroce aux enfers.
Les anges sont là et assistent, impuissants, à l'agonie du Fils de Dieu qui se tait !
(en grec, agôn = combat)
L'Adversaire, Satan, à l'ouïe du dernier soupir de Jésus, exulte de joie car il se croit vainqueur et maître de l'humanité ! Certes, Jésus n'a pas succombé à l'ultime tentation mais il est mort et bien mort !
Ce que Satan ignorait, c'est que l'amour est plus fort que la mort et que trois jours après, Christ ressusciterait !

d) Les anges à la résurrection :

Matthieu 28 v 2-4 .

La mort de Jésus suivie de son ensevelissement a plongé ses disciples dans la détresse. Tous leurs espoirs semblent anéantis, à jamais engloutis !

Or, voici que le troisième jour après sa mort un évènement inattendu et grandiose va survenir :
« Il y eut un grand tremblement de terre car un ange du Seigneur descendit du ciel, vint rouler la pierre et s'assit dessus. Son aspect était comme l'éclair et son vêtement était blanc comme la neige. Les gardes tremblèrent de peur et devinrent comme morts. »

Ceci se passa lorsque Marie de Magdala et Marie, mère de Jacques et de Jean étaient présentes devant le sépulcre. L'apôtre Jean (20 v 11.12) précise que Marie de Magdala en pleurs regarda dans le sépulcre et ô, surprise, vit deux anges vêtus de blanc qui étaient assis à la place où avait été couché le corps de Jésus, l'un à la tête, l'autre aux pieds.

La résurrection de Jésus s'opéra donc, à l'instar de sa naissance, en présence d'envoyés du ciel pour en sceller l'origine surnaturelle divine.
Il n'en fallait pas moins que la présence majestueuse et éclatante des anges pour accompagner l'immense évènement que constituait la résurrection du Christ.

Or, voici que pour donner sens à leur présence et à la disparition du corps de Jésus, les anges vont délivrer le message le plus extraordinaire et le plus inouï qui puisse être jamais annoncé aux hommes :
« Il n'est plus ici, Il est ressuscité !! »
Trente trois ans auparavant, ils annonçaient la venue d'un Sauveur qui était le Christ, le Seigneur (Luc 2 v 10), aujourd'hui, ils annonce un message encore plus révolutionnaire, celui de sa résurrection .

Ces quelques mots qui signent la défaite de Satan, ont changé l'histoire de l'humanité et de l'univers tout entier.
C'est la fin de la nuit et du désespoir.
Dans le cœur des hommes peuvent naître la foi et l'espérance qui leur ouvre la porte d'une vie et d'une félicité éternelles.

e) Les anges lors de l'ascension de Jésus :

Actes ch 1 :
v 9 : « Après avoir dit cela, il fut enlevé pendant que les disciples le regardaient, et une nuée les déroba à leurs yeux. »

Lorsque Jésus vint sur terre, il fut accompagné par une armée céleste. On peut penser légitimement que le mot « nuée » désigne les anges qui viennent le chercher pour l'escorter, tandis qu'il retourne au ciel pour s'asseoir à la droite de son Père.

Son départ laisse ses disciples tristes et affligés. C'est alors qu'apparaissent deux anges d'apparence humaine et vêtus de blanc qui leur disent :
v 11 : « Ce Jésus qui a été enlevé au ciel du milieu de vous viendra de la même manière que vous l'avez vu allant au ciel. »

Ainsi, tandis qu'une multitude d'anges accompagnent Jésus vers le ciel lui rendant honneur, gloire et louanges, deux d'entre eux sont restés en arrière pour rassurer les disciples, leur témoignant par ce geste que leur Père céleste n'est jamais loin et qu'Il est toujours prêt à intervenir en leur faveur pour les secourir avec le concours de ses célestes cohortes.

C) Le ministère des anges auprès des enfants de Dieu :

Rappelons-le, le mot « ange » désigne un messager ou un envoyé. Les Ecritures nous apprennent que les anges ont pour mission de surveiller les œuvres de Dieu et particulièrement, de veiller à l'accomplissement de ses desseins sur terre.

Ils ont pour devoirs de garder ses enfants, de pourvoir à leurs besoins et de les protéger contre leur adversaire, le diable.

Les anges constituent une véritable armée, sans cesse en alerte, attentive aux ordres de Dieu siégeant sur son trône.
Plusieurs textes illustrent de façon réaliste cette vérité riche de promesses pour chaque enfant de Dieu.

1) Dieu est sur son trône et les anges attendent ses ordres :

Apocalypse 5 v 11 :

« Puis, je regardai et j'entendis la voix de beaucoup d'anges autour du trône…et leur nombre était des myriades de myriades. »

Psaumes 103 v 19-22 :

« L'Eternel a établi son trône dans les cieux et son règne domine sur toute chose. Bénissez l'Eternel, vous, ses anges puissants en force qui exécutez ses ordres, en obéissant à la voix de sa parole !
Bénissez l'Eternel, vous toutes ses armées qui êtes ses ministres et qui faites sa volonté !
Bénissez l'Eternel, vous toutes ses œuvres dans tous les lieux de son empire ! »

Ainsi L'Eternel Dieu dispose-t-il de ministres, de conseillers, de messagers et d'ambassadeurs en la personne des anges.

Souvenons-nous de ce que nous rapporte l'auteur de l'épître aux Hébreux au chapitre 1 v 13-14 :
« Ne sont-ils pas tous des esprits destinés à servir et qui sont envoyés pour exercer leur ministère en faveur de ceux qui doivent avoir l'héritage du salut ?

Nous avons ici la confirmation de ce qu'a décrit le psalmiste !

2) Exemples d'interventions angéliques :

Psaumes 34 v 8 : David décrit ici son expérience :

« L'ange de l'Eternel campe autour de ceux qui le craignent et il les arrache au danger. »

Genèse 28 v 12 :

Jacob est en fuite à cause de la haine que lui voue son frère Esaü. Au milieu de son voyage, alors que la nuit est tombée, Jacob se couche et s'endort. Il fait alors un songe.
« et dans son songe, il vit une échelle qui était appuyée sur la terre et dont le haut touchait jusqu'aux cieux, et les anges de Dieu montaient et descendaient par cette échelle. »

Ainsi, par ce songe, Dieu rassure Jacob en l'informant que ses anges franchissent constamment l'espace qui sépare les cieux de la terre.
Or, ce qui était vrai pour Jacob l'est tout autant pour le chrétien, aujourd'hui encore !

Daniel 10 v 12-13 :

Cette vérité trouve son illustration dans l'histoire de Daniel déporté à Babylone, sous le roi Nebucadnetsar.
Profondément affecté, Daniel jeûne trois semaines entières et demande à Dieu de faire en sorte que son peuple retourne dans son pays.
Vers la fin de ce jeûne, un ange vint à lui et lui dit :

« Ne crains point, Daniel, car, dès le premier jour que tu as appliqué ton cœur à entendre ces choses et à t'affliger en la présence de ton Dieu, tes paroles ont été exaucées, et c'est à cause de ces paroles que je suis venu. Mais, le chef du royaume de Perse m'a résisté vingt et un jours ; et voici, Michel, l'un des principaux chefs, est venu pour m'aider et je suis demeuré là chez le roi de Perse. »

Arrêtons-nous un instant sur la procédure de l'action divine.

- Dès que Daniel commence à prier, Dieu envoie un ange. Que fait ce dernier ?
- Il vient à la cour de Perse qui est le centre décisionnel.
- Il essaie d'influencer le roi pour qu'il décide d'élargir le peuple durant vingt et un jour, mais sans succès.
- C'est alors que le prince des anges vient l'aider et qu'ensemble, ils ont gain de cause.
- Nul ne s'est douté à la cour de la présence des anges, ni le roi, ni ses sujets. Et, cependant, leur influence le conduisit à faire la chose qu'il était le moins disposé à faire.

Partant de cette expérience, le chrétien est fondé à penser que les anges coopèrent ainsi avec lui dans ses efforts pour avoir gain de cause en toutes circonstances et notamment pour le salut des âmes et la protection de ses proches.

Ainsi lorsque nous sommes poussés à prier pour un fils, un mari, une épouse, un ami, voici que le Seigneur envoie un ange pour apporter son concours en agissant sur les circonstances pour les rendre propices afin que les cœurs soient réceptifs à la voix de l'Esprit Saint et au message de l'Evangile.
Ainsi lorsque nous sommes dans une situation de détresse, voici qu'à notre appel, le Seigneur envoie un ange pour nous délivrer.

Ce qui est remarquable dans l'intervention des anges, c'est leur rapidité !

Daniel 9 v 21-23 ;

« Comme je parlais encore dans ma prière, alors cet homme, Gabriel, que j'avais vu auparavant en vision volant promptement, me toucha au moment de l'offrande du soir.
Il m'instruisit et me parla et me dit : « Daniel, je suis venu maintenant afin de t'apprendre une chose digne d'être entendue : la parole est sortie dès le commencement de tes prières et je suis venu pour te la déclarer. »

Ainsi, au début des prières de Daniel, Gabriel est au ciel ; mais, avant que David ait terminé sa prière, l'ange est déjà à ses côtés !
Quelle rapidité de réponse et d'action venant du ciel, c'est-à-dire du trône divin !
La vigilance de Dieu envers ses enfants n'est jamais prise en défaut. Quel encouragement de le savoir ainsi à nos petits soins quelles que soient les circonstances !

Il en était ainsi sous l'économie de l'Ancienne Alliance et il en est de même sous celle de la Nouvelle amplifiée par le passage du régime de la Loi à celui de la Grâce.

Le livre des Actes des Apôtres aussi bien que les Evangiles en portent témoignage.

Actes 12 v 1-11 :

Le roi Hérode maltraite les responsables de l'Eglise.
Il fait mourir par l'épée Jacques, le frère de Jean.
Puis, voyant la satisfaction des Juifs, il fait arrêter et emprisonner Pierre avec le dessein de le mettre à mort.
Les conditions de détention sont draconiennes :
- Quatre troupes de quatre soldats chacune.
- Deux chaînes maintiennent le prisonnier entouré de deux soldats.
- Une lourde porte de fer clôt la prison.
- Deux postes de garde jalonnent le chemin vers la sortie.

A vues humaines, tout évasion est impossible. Mais, l'Eglise prie sans cesse pour Pierre et elle ne le fait pas en vain !
En effet, Dieu envoie un ange qui délivre Pierre de ses chaînes et le conduit hors de la prison !

Aujourd'hui encore, Dieu peut envoyer ses anges pour libérer ses enfants de toutes sortes d'asservissements, pour faire tomber les chaînes les plus lourdes, pour anéantir les projets du Prince des ténèbres, par un affranchissement radical de ceux qu'il tient prisonniers.

Notons ceci, c'est que la venue de l'ange s'accompagne ici d'une forte lumière. Cette lumière peut symboliser la vérité qui libère le chrétien égaré dans les ténèbres de l'erreur, des faux raisonnements ou d'un doute anesthésiant, lumière que l'ange porte en lui.

La Bible contient bien d'autres cas de l'envoi des anges au secours des croyants. Leur nombre est si grand qu'il faudrait un livre entier pour les étudier tous.
Nous n'en citerons que quelques-uns dont certains ont déjà été évoqués :

Abraham (Gen 24 v 7), Jacob (Gen 48 v 16), le peuple d'Israël en route vers Canaan (Exo 23 v 20), Elie au désert (1 Rois 19 v 5-6), Daniel dans la fosse aux lions (Dan 6 v 22), Corneille et Pierre (Actes 10), Paul en danger (Actes 27 v 23).

L'amour et la fidélité de Dieu envers ses enfants ne se sont point taris. Ses anges ne sont ni en grève ni en congé-maladie. Leur contrat avec leur Maître n'est pas à durée déterminée, ni à durée indéterminée. Ils sont liés à Dieu par un CDE, contrat à durée éternelle pour sa gloire et notre plus grand bénéfice !

3) Chaque enfant de Dieu a des anges gardiens :

La Bible enseigne clairement que le Seigneur envoie un ange pour veiller sur chacun de ses fidèles.
Le psalmiste témoigne de cette réalité : Psaumes 91 v 11 :

« Car, Il ordonnera à ses anges de te garder dans toutes tes voies. »

Cette affirmation sous forme de promesse est un puissant réconfort pour celui qui a compris la nature des ennemis que le chrétien doit affronter.
Dans notre combat contre les puissances des ténèbres, seuls
les « anges puissants en force » peuvent nous porter le secours nécessaire et peuvent nous protéger des dangers qui nous guettent.
Nous devons nous souvenir que Satan est parfaitement au fait de cette réalité.

C'est la raison pour laquelle, parlant de Job, il dit à Dieu (Job 1 v 9.10) :

« Est-ce gratuitement que Job craint Dieu ? N'as-tu pas toi-même mis une haie tout autour pour lui, pour sa maison et pour tout ce qui lui appartient ? »

Manifestement, l'ange de l'Eternel campait autour de Job et des siens !

Une des paroles-clé de la présence d'un ange près des enfants de Dieu nous est apportée par le Seigneur lui-même dans Matthieu 18 v 10)

« Prenez garde de ne mépriser aucun de ces petits ; car, je vous dis que leurs anges voient sans cesse dans les cieux la face de mon Père qui est dans les cieux. »

L'expression « leurs anges » montre bien qu'il y a des anges qui sont mis en rapport immédiat, personnel et permanent avec chaque enfant de Dieu.

Les premiers chrétiens étaient renseignés sur ce sujet. C'est ainsi que Rhodes, la servante de Marie chez qui les frères étaient assemblés pour demander la délivrance de Pierre alors emprisonné, tandis qu'elle leur annonce la présence de ce dernier à la porte, s'entend répondre : « c'est son ange ! » Ils n'entendaient point par là que c'était son esprit car ils pensaient que Pierre était encore en prison. Mais, ils faisaient référence aux enseignements de leur Maître concernant les anges gardiens.

Plusieurs autres exemples illustrent clairement cet aspect du ministère des anges.

Exode 14 v 19 :
De façon explicite, il nous est dit que c'est ainsi que Dieu accompagnait son peuple.
« Et l'ange de Dieu, qui allait devant le camp d'Israël, partit et s'en alla derrière eux. »

Ecclésiaste 5 v 6 donne un avertissement éclairant sur le sujet :

« Ne permets pas que ta bouche te fasse pécher et ne dis pas devant l'ange de Dieu que c'est par ignorance. »

C'est aussi la conviction de l'apôtre Paul que les anges sont, par leur présence, spectateurs et auditeurs de nos vies.

1 Corinthiens 4 v 9 :

« Dieu nous as exposés….nous faisant servir de spectacle au monde, aux anges et aux hommes. »

Parce que nous ne pouvons voir les anges de nos yeux, nous sommes portés à oublier qu'ils sont constamment avec nous et près de nous. Nous en avons la démonstration dans 2 Rois au chapitre 6.

Le roi de Syrie fait la guerre au roi d'Israël. Or, le prophète Elisée révélait au roi d'Israël tous les plans et tous les mouvements de l'ennemi, de telle manière qu'il les battait et les déconcertait à chaque victoire.
Le roi de Syrie, ayant appris ce que faisait Elisée dit à ses serviteurs : « Allez et voyez où il se trouve afin que je l'envoie prendre ; » Il lui fut rapporté qu'Elisée était à Dothan. Alors, le roi de Syrie y envoya des chevaux, des chariots et de grandes troupes qui arrivèrent de nuit et encerclèrent la ville.
Très tôt le matin, Elisée se leva et vit alors toute cette armée en rang de bataille. Son serviteur lui dit alors ;
« Hélas, mon seigneur, qu'allons-nous faire ? »
La situation était, en effet, des plus critique ! Quels étaient les sentiments d'Elisée ?
Nous les découvrons dans la réponse surprenante qu'il fait à son serviteur :
« Ne crains point ; car ceux qui sont avec nous sont en plus grand nombre que ceux qui sont avec eux. »
Et Elisée pria et dit : « Je te prie, ô Eternel, ouvre ses yeux afin qu'il voie. »

Et l'Eternel ouvrit les yeux du serviteur et il regarda. Et voici, la montagne était pleine de chevaux et de chariots de feu autour d'Elisée !
Le serviteur pouvait maintenant comprendre le calme de l'homme de Dieu.
Des légions angéliques l'entouraient pour le délivrer, conformément à la sûre promesse de l'Eternel.

Quel puissant réconfort de savoir que le bras de l'Eternel, notre Dieu, est toujours aussi étendu pour nous secourir et que le privilège d'Elisée est aussi le nôtre lorsque l'ennemi nous cerne d'une façon ou d'une autre !

D'autres exemples illustrent la présence des anges qui nous protègent et nous gardent.

Genèse 16 v 7 :
Agar, enceinte d'Ismaël, l'enfant d'Abram, est chassée par Saraï son épouse stérile qui ne supporte pas le mépris de sa servante.
L'Egyptienne s'enfuit dans le désert et se retrouve devant une source d'eau. C'est alors qu'un ange de l'Eternel vient lui parler et lui demande de retourner vers sa maîtresse et de lui demander pardon. Il lui annonce la naissance d'un fils qu'elle appellera Ismaël. Agar prend alors conscience qu'elle n'était pas seule dans le désert et donna le nom suivant à l'Eternel : « Atta El Roï », ce qui signifie : « Tu es le Dieu fort qui me voit. »

Nous retrouvons cette présence angélique auprès d'Abraham lorsque, levant le bras pour égorger Isaac, son fils, un ange l'appela et arrêta sa main. (Genèse 22 v 11)
L'ange, nous est-il dit, l'appela des cieux et par deux fois il lui parla. Autrement dit, même du haut des cieux, les anges voient les enfants de Dieu sur la terre et peuvent intervenir.

Cette proximité des anges nous est rappelée par le songe de Jacob que nous avons déjà évoqué dans Genèse 28 v 10-22, La vision de l'échelle dressée jusqu'aux cieux sur laquelle montaient et

descendaient des anges conduisit Jacob à formuler sa découverte en ces termes :
« Certainement, l'Eternel est en ce lieu-ci et je n'en savais rien ! »

Quelle formidable révélation qui vient encourager, fortifier et rassurer Jacob !
C'est aussi un cadeau que Dieu nous fait en nous faisant partager cette vision que nous pouvons nous approprier.
C'est un sujet de réelle consolation pour l'humble chrétien, affligé, méprisé, persécuté parfois, que de savoir que ces messagers célestes sont ses compagnons ; qu'ils sympathisent avec lui dans toutes ses épreuves, le protègent contre les puissances adverses et le fortifient dans son service pour son Maître.

4) L'intérêt porté par les anges à l'œuvre du salut :

Nous l'avons dit, les anges n'ont pas mission d'évangéliser. Toutefois, ils manifestent un profond intérêt pour le salut des pécheurs.

Plusieurs textes des Ecritures sont révélateurs de leur vive attention à cet égard.

1 Pierre 1 v 10-12 :
L'apôtre Pierre parle « du salut qui a été l'objet des recherches et des investigations des prophètes….choses dans lesquelles les anges désirent plonger leurs regards. »

Luc 2 v 10-14 :
A la naissance du Sauveur, les anges louent Dieu : « Gloire soit à Dieu au plus haut des cieux ! Paix sur la terre, bonne volonté envers les hommes ! »
Ils s'associent ainsi à la formidable offre de salut et aux perspectives heureuses qui en découlent.

Apocalypse 8 v 3 :
Dans le ciel, les anges assistent Jésus-Christ, en sa qualité de souverain sacrificateur dans sa tâche en faveur des élus.

« Et, il vint un autre ange qui se tint devant l'autel, ayant un encensoir d'or, et on lui donna beaucoup de parfums pour les offrir avec les prières de tous les saints, sur l'autel qui est devant le trône. »
C'est ainsi que les anges portent nos prières sur l'autel qui rappelle le sacrifice de l'Agneau
au nom duquel elles sont présentées à Celui qui siège sur le trône.

Luc 15 v 10 :
Le Seigneur lui-même témoigne de la communion que les anges entretiennent avec Lui dans son œuvre de salut :
« Je vous dis qu'il y a de la joie devant les anges de Dieu pour un seul pécheur qui se repent. »

Les anges sont intimement liés à l'œuvre de leur Maître dont ils mesurent l'immensité du sacrifice en faveur des pécheurs. Ils ont été les témoins de sa grandeur et de sa souveraineté dans les cieux, puis de son abaissement lors de son incarnation. Ils ont assistés douloureusement muets à son humiliation sur l'infâme croix de Golgotha puis, débordants de joie à sa résurrection et son ascension jusqu'à son trône dans les cieux.
Dès lors, ils mettent tout en œuvre, selon les directives de leur Maître, pour entourer ses rachetés de leurs soins les plus vigilants.
Nous imaginons mal quel tendre intérêt, quelle sollicitude attentionnée, quelle profonde sympathie, ils éprouvent envers les enfants de Dieu et notamment, envers ceux qui souffrent et qui luttent pour la seule gloire de Dieu !

L'apôtre Jean, vieillard exilé sur le piton rocheux de l'île de Patmos, en a reçu la preuve incontestable lorsqu'un ange le visita alors qu'il était en prière, pour lui offrir l'ultime révélation concernant son Maître, son Sauveur, son ami, Jésus-Christ, le ressuscité !

Apocalypse 1 v 1 :
« Révélation de Jésus-Christ, que Dieu lui a donnée…et qu'Il a fait connaître, par l'envoi de son serviteur, à son serviteur Jean. »

Cette révélation nous est parvenue à travers les âges, transmise par un ange et a été une source d'instruction et de consolation pour des milliers de fidèles.

De même, l'auteur de l'épître aux Hébreux associe les anges à la transmission de la parole divine :
Hébreux 2 v 2 :
« Si la parole qui a été annoncée par des anges a eu son effet.... comment échapperons-nous en négligeant un si grand salut ...annoncé d'abord par le Seigneur. »

Dans Actes 7 v 53, Etienne dit la même chose lorsqu'il s'adresse aux juifs :
« Vous qui avez reçu la Loi par le ministère des anges et qui ne l'avaient point gardée ! »

5) L'ange de l'Eternel :

Tout ange envoyé par Dieu pour exécuter ses ordres pourrait être appelé l'ange du Seigneur.
 Cf : 2 Samuel 24 v 16 et 1 Rois 19 v 5-7.

Mais, il semble cependant, que l'être mystérieux désigné par « l'ange de l'Eternel » soit d'un tout autre ordre.
Il est à la fois distinct et un avec l'Eternel, étant semblable à Lui.

Il parle comme étant Dieu lui-même et sa personne semble confondue avec celle du Seigneur.

Cf : Genèse 16 v 7,10 / 18 v 10,13-14,33 / 22 v 11.12 , 15.16 / 31 v 11.13 / Exode 3 v 2,4 / Josué 5 v 13-15 / 6 v 2 / Juges 6 v 12-14 / 13 v 9, 18-22 / Zacharie 1 v 10-13 / 3 v1-2.

L'ange de l'Eternel révèle la face de Dieu (Genèse 32 v 30)
Le nom de l'Eternel est en lui (Exode 23 v 21)
Sa présence équivaut à la présence divine (Exode 32 v 34 / 33 v 14 / Esaïe 63 v 9)

Son nom est merveilleux (Juges 13 v 18) et on le retrouve dans la prophétie d'Esaïe 9 v 5 appliqué au Messie : « on l'appellera admirable « (même mot hébreu)

On peut en déduire que l'apparition de « l'ange de l'Eternel » est une théophanie ou apparition de la divinité.
L'Eternel lui-même est invisible et personne n'a jamais pu l'apercevoir :
CF : Exode 33 v 20 / Jean 1 v 18 / 1 Timothée 6 v 26

Le Fils unique est celui qui le manifeste, non seulement par son incarnation dans le Nouveau Testament, mais déjà dans l'Ancien par les apparitions de l'ange de l'Eternel.

Ainsi s'harmonisent les textes selon lesquels, d'une part, nul ne peut voir et n'a jamais vu Dieu et d'autre part, des croyants de l'Ancienne Alliance ont eu un rencontre réelle avec le divin.
Cf : Genèse 32 v 20 / Exode 24 v 9 et Actes 7 v 38 .

Citons enfin Zacharie 3 v 1-5 où l'ange de l'Eternel intervient pour défendre Josué accusé devant Dieu par Satan, à l'instar de Christ , notre Avocat.
Cf : Apocalypse 12 v 10 et 1 Jean 2 v 1-2.

6) Les théophanies :

Une théophanie est étymologiquement une manifestation ou une apparition de Dieu.

Dieu, le Père invisible selon Jean 1 v 18 et 1 Timothée 6 v 16, s'est manifesté aux hommes en la personne de l'ange de l'Eternel, de l'ange de l'Alliance ou Christ. (Genèse 16 v 7 / Exode 32 v 34 / 33 v 14 / Malachie 3 v 1.

« Personne n'a jamais vu Dieu ; le Fils unique qui est dans le sein du Père, est celui qui l'a fait connaître. » (Jean1)

« Le Roi des rois, et le Seigneur des seigneurs, qui seul possède l'immortalité, habite une lumière inaccessible, que nul homme n'a vu ni ne peut voir. » (1 Tim 6)

« L'ange de l'Eternel la trouva (Agar) près d'une source d'eau . » (Gen 16)

« L'Eternel dit à Moïse :…Voici, mon ange marchera devant toi. » (Exo 32)

« L'Eternel répondit (à Moïse) « Je marcherai moi-même avec toi » (Exo 33)

« Voici, j'enverrai mon messager ; il préparera le chemin devant moi. Et soudain, entrera dans son temple le Seigneur que vous cherchez, et le messager de l'alliance que vous désirez. » (Mal 3)

On peut distinguer trois types de théophanie :

- celles de l'Ancienne Alliance qui préparaient la venue du Messie, Jésus-Christ
- l'incarnation de Christ, Dieu manifesté dans l'homme Jésus
- L'apparition de Christ en gloire lors de son retour sur terre

a) les théophanies dans l'Ancien Testament :

Dieu se manifestait aux patriarches de façon intermittente au travers de l'ange de l'Eternel.

Dès l'Exode, ces manifestations passagères furent remplacées principalement par la présence permanente de Dieu, la shekinah, résidant entre les chérubins dans le lieu très saint du tabernacle, puis du temple.

Le terme hébraïque « shekinah » signifie « résidence ». Il est utilisé pour désigner la présence permanente de Dieu.

Lors de la sortie d'Egypte, l'Eternel précédait les Israélites dans une colonne de feu (Exode 13 v 21-22).

Sur le mont Sinaï, il y eut une épaisse nuée puis de la fumée, parce que l'Eternel y était descendu au milieu des flammes (Exode 13 v 16-18).

Plus tard, la nuée de la gloire de Dieu reposa sur le Sinaï pendant six jours, et le septième jour l'Eternel appela Moïse.

L'aspect de cette gloire était comme un feu dévorant. (Exode 24 v 16-17)

Lorsque Moïse entrait dans la première tente d'assignation , tabernacle où Dieu rencontrait son peuple après les sacrifices (Exode 29 v 42-44) , lieu de rendez-vous avec l'Eternel, la nuée descendait et s'arrêtait à l'entrée de la tente où l'Eternel s'entretenait avec lui.
(Exode 33 v 9-11 / Deutéronome 5 v 4).

Lorsque le tabernacle fut érigé, l'Eternel en prit possession : sa gloire le remplit et la nuée reposa sur lui nuit et jour. (Exode 40 v 34-35 / Nombre 9 v 15-16).

Là, Moïse entendait la voix du Seigneur s'adressant à lui du haut du propitiatoire.
 (Exode 7 v 89).

Plus tard, lors de la dédicace du temple de Salomon, la gloire du Seigneur remplit également l'édifice. (1 Rois 8 v 10-11).

Enfin, la Shekinah fut retirée définitivement lors de la destruction du temple et de Jérusalem.
(Ezéchiel 9 v 3,6 / 10 v 4, 18-19 / 11 v 22-23)

C'est en 587 avant Jésus-Christ que les Babyloniens s'emparèrent de Jérusalem, pillèrent le temple et l'incendièrent. (2 Rois 25 v 8-17).

Il fut reconstruit de 537 à 515 par Zorobabel, sous Cyrus roi des Perses, puis, Hérode le Grand l'agrandit pour en faire un édifice grandiose, en 19 avant Jésus-Christ.
Mais, la gloire de Dieu n'y habitat plus jamais, l'arche de l'Alliance ayant disparu et le lieu très saint étant vide.

Ainsi, les apparitions passagères (théophanies) au travers de l'ange de l'Eternel, faites aux patriarches, cédèrent-elles la place à la présence permanente de Dieu dans le sanctuaire.

b) Dieu, présent dans la personne de son Fils :

Le pas suivant fut l'incarnation de Dieu en la personne de Jésus-Christ, son Fils.
En Lui, Dieu vient habiter parmi les hommes. Au travers de la personne du Fils, le Père se révèle à eux et leur parle.
Les patriarches et ceux qui les ont suivis ont vu la gloire de Dieu se manifester avec puissance, mais ceux qui ont vu Jésus-Christ, ont contemplé une gloire plus grande encore !
Aggée 2 v 9 :
« La gloire de cette dernière maison sera plus grande que celle de la première.)
Or, nous savons que Jésus-Christ était véritablement le temple de Dieu ici-bas, expression parfaite de sa sainteté et de son amour et de sa justice.
Jean 2 v 18 :

« Détruisez ce temple et en trois jours je le relèverai. Les Juifs dirent : il a fallu quarante six ans pour bâtir ce temple, et toi, en trois jours, tu le relèveras ! Mais, il parlait du temple de son corps. »

c) Dieu, présent au monde au travers de son Eglise :

Désormais, alors que Jésus-Christ est remonté auprès de son Père, sa présence ici-bas se manifeste dans la vie de chacun de ses rachetés.
Jean 13 v 35 :
« A ceci, tous connaîtront que vous êtes mes disciples, si vous avez de l'amour les uns envers les autres. »
Cette parole de Jésus-Christ à ses disciples donne le « la » d'une vie dont la mélodie chantera la gloire de Dieu et en manifestera toutes les harmonies !
L'amour-agapè, qui concentre et résume toutes les vertus du Christ, doit illuminer les vies de tous ceux qui sont appelés à être ses témoins et ses ambassadeurs ici-bas.
Comme le Christ fut le Temple de Dieu parmi les hommes, de même, les chrétiens sont appelés à l'être à leur tour.

1 Corinthiens 3 v 16 :
« Ne savez-vous pas que vous êtes le temple de Dieu, et que l'Esprit de Dieu habite en vous ? »

Quel honneur, mais aussi, quelle responsabilité ! Qui donc est suffisant pour en être digne ?

« Mais, grâce soit rendue à Dieu par Jésus-Christ, notre Seigneur ! » Cette exclamation de l'apôtre Paul qui clôt le chapitre 7 de son épître aux Romains, est une lumière d'espérance après une longue description du combat spirituel entre l'homme naturel et l'homme nouveau, né de l'Esprit.
Paul ira plus loin, lorsqu'il écrira aux Chrétiens de Corinthe.
2 Corinthiens 2 v 14 :

« Grâces soient rendues à Dieu, qui nous fait toujours triompher et qui répand par nous en tout lieu l'odeur de sa connaissance !

d) La révélation de Dieu lors de la résurrection :

La dernière étape sera franchie lorsque tous les enfants de Dieu seront introduits devant le trône même de Dieu, au grand jour de la résurrection.
Ce jour-là, la foi cèdera sa place à la vue !
Ce jour-là le Seigneur sera tout en tous, nous verrons face-à-face comme nous avons été connus et les armées célestes salueront notre entrée dans la Cité céleste.
Quel concert de louanges dont les échos s'entendront jusqu'aux confins illimités de la création divine !
1 Corinthiens 13 v 12 :
« Aujourd'hui nous voyons au moyen d'un miroir, d'une manière obscure, mais alors, nous verrons face à face. »

« Je suis l'alpha et l'omega, le commencement et la fin. A celui qui a soif, je donnerai de la source de l'eau de la vie, gratuitement. Celui qui vaincra héritera ces choses ; je serai son Dieu, et il sera mon fils. »

Apocalypse 21 v 6

L'ITINERAIRE DE SATAN, ANGE DECHU

« Car, j'ai l'assurance que ni la mort ni la vie, ni les anges ni les dominations, ni les choses présentes ni les choses à venir, ni les puissances, ni la hauteur ni la profondeur ni aucune autre créature ne pourra nous séparer de l'amour de Dieu manifesté en Jésus-Christ notre Seigneur. »

Romains ch 8 v 38-39

INTRODUCTION

Un célèbre escroc, paraît-il, payait des hommes pour faire courir le bruit qu'il était mort. Ainsi, les gens du coin, soulagés, voyaient-ils leur vigilance s'amenuiser. C'est alors que le filou survenait à l'improviste et les pillait à nouveau sans rencontrer de résistance !

C'est cette tactique que Satan a utilisée pour tromper les hommes. Il les a persuadés de nier son existence au point d'entraîner dans cette funeste erreur des millions de personnes au rang desquelles on dénombre tristement et étonnamment de trop nombreux croyants.

Selon un sondage Sofres-Pèlerin Magazine de janvier 2003, seulement 18% de Français croient que le diable existe parmi lesquels 8% y croient tout à fait et 10% y croient un peu.
Pour le reste, 71% n'y croient pas du tout et 8% pas vraiment.
C'est dire combien la capacité du diable à se camoufler est grande pour obtenir de tels résultats dans un pays qui fut appelé « la fille aînée de l'Eglise ».

Il faut dire qu'il a su manipuler les hommes au point que sous leurs plumes ou leurs pinceaux, son véritable portrait a disparu au profit d'une caricature sans aucune crédibilité.
N'est-il pas présenté comme un être chimérique hideux pourvu de cornes, de sabots et d'une queue fourchue !
Inspirant du dégoût voire une crainte puérile , l'enfant devenu adulte garde de cette image une impression dérisoire d'une personne qu'il a tôt fait de ranger sur les étagères dédiées aux personnages de contes, fables et légendes comme l'enchanteur Merlin, la fée Carabosse, le loup-garou ou le père Noël.

Or, ce personnage-là n'a rien de commun avec celui que la Bible dépeint, hormis le nom.

I) Le diable est réel :

Un écrivain chrétien, Charlotte Elisabeth, écrivait à son propos en 1830 :
« Nous oublions son existence, sa présence, ses desseins ; et de cette manière nous faisons son œuvre par pure ignorance, ou grâce à une inexcusable inattention à cet égard…..On semble considérer comme une infraction aux usages de le nommer autrement que par des périphrases délicatement choisies, comme si l'on craignait de le traiter avec trop peu de révérence : or, il arrive que celui qu'on nomme rarement fait rarement aussi le sujet de nos pensées. Ce silence qu'on affecte à son égard doit assurément lui être du plus grand secours dans ses innombrables stratagèmes. Nous sommes portés à parler, à penser, à agir comme si nous n'avions que nos mauvaises natures à combattre, tout en admettant d'une façon générale qu'il y a dans l'air quelque chose qui prête la main à la cause du mal. »

Cette analyse nous semble garder aujourd'hui toute sa pertinence. Nous ajouterons en complément à ce propos, qu'il y a un autre risque qui consisterait à considérer le diable comme l'unique inspirateur du mal, alors que le mal est en chaque homme. Une telle attitude aurait pour désastreuse conséquence de minimiser voire d'ôter toute responsabilité personnelle face au mal.

Le plan prémédité de Satan a été de détruire toute croyance en son existence, et là où cela n'était pas possible, de fausser l'idée que l'on pouvait se faire de sa véritable nature et de son vrai caractère.

Notre intention est donc de démontrer à l'aide de la Parole de Dieu que le diable est bien une personne réelle.

La Bible use fréquemment de termes tels que Satan, dragon ou diable, et d'autres encore pour le désigner.
Dans un ancien dictionnaire du Nouveau Testament, on peut lire à son sujet :
« Des uns ont nié la personnalité du diable qu'ils ne considèrent que comme le mal négatif, ou comme nos mauvais penchants. Mais, si des facultés et des actions réelles et personnelles peuvent déterminer la

personnalité, le diable doit être un personnage réel, d'une énorme puissance physique et d'une malignité de caractère épouvantable. »

Prétendre que Christ fut tenté par ses mauvais penchants ou par les convoitises de la chair, comme certains qui refusent l'existence de Satan le font, serait friser le blasphème.
Toute l'histoire de la tentation montre avec une évidence totale que Satan se trouvait là, aussi littéralement et personnellement que le Fils de Dieu lui-même.
Celui qui fit pécher Adam et Eve dans le jardin d'Eden, entreprit de faire pécher le second Adam par des tentations analogues.
Il avait offert à nos premiers parents la perspective de bienfaits, de jouissances et d'honneurs plus grands et plus élevés que ce qu'il avait plu au Créateur de leur donner.
Ils s'emparèrent imprudemment de ce qui paraissait « bon à manger », comme moyen d'acquérir des biens dont ils n'avaient nullement besoin.
Dans le cas du second Adam, Satan s'attacha à aiguillonner son appétit dans un moment où il était sur le point de mourir d'inanition ; puis, il lui offrit position, puissance et gloire.

S'il y a quelque vérité dans les récits de la création et de la tentation de Christ, et nous le croyons, alors nous ne pouvons que conclure que le diable est un être réel, doué de puissance, de ruse, de malice, plein de haine envers Dieu et envers tout ce qui est bon !

II) Origine du diable :

Plusieurs questions se posent à nous :
- d'où vient-il ?
- Dieu l'a-t-il créé ?

S'insurgeant devant l'idée que Dieu ait pu créer Satan, quelqu'un a dit :
« L'existence du diable est subversive de toute bonté et de toute omnipotence ; si Dieu avait créé le diable, Il serait responsable de tous les actes de cet être qu'Il aurait fait tel qu'il est. Il est clair que le diable ne pourrait être autre chose que ce que le Créateur l'eût fait et

ne pourrait rien faire que sa prescience ne lui eût révélé. Les actes du diable seraient donc indirectement ceux du Créateur. »
Dans sa logique qui ne tient pas compte des enseignements bibliques, l'auteur de ce propos refuse implicitement l'existence du diable dont la malignité lui semble incompatible avec la bonté de l'être divin créateur.
Ce disant, il ne répond pas à la question de l'origine du Mal qui reste en suspens.
Si Dieu ne peut avoir créé Satan, et si par conséquent Satan n'existe pas, selon cette même logique l'incompatibilité du Mal avec la bonté intrinsèque de Dieu, devrait le conduire à nier l'existence du Mal.
Or, nier l'existence du diable que l'on ne voit pas est autre chose que nier le Mal qui est une réalité palpable et observable.
Il en ressort que, dans ce cas, Dieu ne pouvant être l'auteur du Mal qui est bien réel ne peut être le Dieu saint décrit par la Bible.
Cela revient à nier l'existence même de Dieu.

1) Parenthèse sur le Mal :

Avant de revenir à l'origine du diable, il nous faut admettre que la question du Mal est celle qui pose le plus de problème au chrétien. On aimerait trouver dans la Bible une explication satisfaisante qui résolve l'antinomie relevée par l'auteur de la réflexion précédente, entre la bonté et la prescience de Dieu et l'existence si dévastatrice du Mal et de ses conséquences.
A cette question lancinante, Dieu n'a pas donné de réponse.
Cette question est une énigme douloureuse pour la raison.

Nombreux sont ceux qui ont tenté des explications sans y parvenir. Des philosophes grecs aux philosophes modernes, des théologiens anciens aux nouveaux, des penseurs spiritualistes aux matérialistes, chacun a essayé à sa façon d'apporter sa réponse sans pour autant qu'elle soit satisfaisante, et pour cause.

Il faut donc s'y résoudre, l'Eternel, le Dieu créateur, le Dieu parfait, le Dieu de bonté, le Dieu du salut ne nous a pas dit pourquoi le Mal existe. Sur ce point là, c'est l'opacité !

Par contre, au sein de cette opacité perce un rayon de lumière, celui qui jaillit de la croix du Calvaire, là où le Mal et le Malin ont été vaincus par le Christ, le Fils de Dieu, la Lumière du monde !

Ce rayon de lumière qui jaillit du cœur même de Dieu rappelle aux hommes qu'Il est éternellement un Dieu d'amour et de bonté.

Il est des choses, aujourd'hui cachées, qui seront révélées plus tard, et parmi celles-ci la grande question du Mal mais aussi, le mystère de l'Amour du Dieu tout-puissant qui accepta de s'incarner en Jésus-Christ pour venir sauver ses créatures égarées et coupées de toute communion avec Celui qui est la Vie.

Alors, quelle attitude adopter ?
- le doute, le rejet, la contestation ?
- la négation de Dieu ?

Tout simplement, la confiance en Dieu par la foi !

Cependant, sans pour autant répondre à la question du mal, l'étude de l'origine de Satan, va nous apporter quelques clartés.

2) Retour sur l'origine de Satan :

La Bible nous enseigne qu'à chaque étape de sa création, Dieu dit que cela était bon.
Ce fut le cas, en particulier, de la création de l'homme qui conclut son oeuvre créatrice:
Genèse 1 v 31 :
« Dieu vit tout ce qu'Il avait fait ; et voici, cela était très bon. »

L'exemple de la création de l'homme nous démontre que les choses ne sont pas restées en l'état de perfection où Dieu l'avait créée.
Dieu avait posé un interdit que l'homme transgressa en cédant à la tentation à laquelle le soumit le diable.
Dieu n'avait pas créé l'homme adultère, meurtrier ou menteur et cependant, nul ne peut nier l'existence d'adultères, de meurtriers et de menteurs.
Ainsi, Dieu a créé l'homme « très bon » mais ce dernier a corrompu

ses voies en désobéissant et est devenu pécheur.

Ainsi nier que Dieu n'a pas créé le diable en raison de sa nature mauvaise et aussi déraisonnable que nier que Dieu a créé l'homme parce que celui-ci est enclin au mal.

Concernant la personne de Satan, il en fut de même :
Dieu l'avait créé « ange » ; mais il s'est rebellé contre lui et est devenu, ou s'est fait lui-même, ce que nous connaissons de lui, à savoir l'Ennemi de Dieu.

Si la chute de l'homme, dont les conséquences sont décrites dans Genèse 3 v 16 à 19, présente un changement radical dans sa vie physique, morale et spirituelle, autrement dit, dans ses rapports avec Dieu, avec les autres et avec la nature même, la trahison de l'ange Satan, dont la position était plus éminente, va l'entraîner dans une descente vertigineuse pour aboutir à une condition de dégradation symbolisée dans Genèse 3 v 14-15, par la figure du serpent rampant dans la poussière de la terre.

Cette tragédie, car il s'agit bien de cela, nous est décrite par le prophète Ezéchiel au chapitre 28 de son livre.

3) Regard sur les lieux célestes que Satan dut quitter :

Pour mieux saisir l'ampleur du désastre de cette dégradation dont Satan fut son propre artisan, découvrons les lieux où il avait sa demeure avant sa rébellion, dans Exode 25 v 22 :

Lorsque l'Eternel demande à Moïse de faire construire l'arche de l'Alliance pour la placer dans le lieu très saint du temple mobile appelé tabernacle, Il lui en fait une description très précise, notamment celle du couvercle, le propitiatoire, sur lequel une fois l'an, était versé le sang de la victime expiatoire celui d'un taureau puis celui d'un bouc. Or, nous savons par l'auteur de la lettre aux Hébreux ch 8 v 5, que ce culte est « une image, une ombre des choses célestes ». De même, ch 10 v 1 « la loi...possède une ombre des choses à venir et non l'exacte représentation des choses. »

Ainsi chaque élément est-il typique d'une réalité céleste.
Nous observons qu'à chaque extrémité du propitiatoire deux chérubins le couvrent de leurs ailes. Ces deux créatures angéliques sont ici symboliquement et intimement associées à la présence même de Dieu.

Si Dieu a voulu ainsi donner au peuple une représentation concrète de la réalité céleste, c'est qu'elle est conforme à celle-ci.
Autrement dit, cela signifie que la place et le rôle de chaque élément trouve son pendant dans la sphère céleste.

Nous pouvons affirmer qu'il en est ainsi dans le temple céleste et que les chérubins y ont bien la place et le rôle qui leur furent assignés ici-bas.
Dieu siège bien entre deux chérubins :
Psaumes 99 v1 / 80 v 1 / Esaïe 37 v 16 :

« L'Eternel règne ; que les peuples tremblent. Il est assis entre les chérubins ; que la terre soit ébranlée ! »
« Toi qui es le pasteur d'Israël, prête l'oreille ; toi qui mènes Joseph comme un troupeau ; toi qui es assis entre les chérubins, fais reluire ta splendeur ! »
« O, Eternel des armées, Dieu d'Israël, qui es assis entre les chérubins ! Toi seul es le Dieu de tous les royaumes de la terre. »

Le prophète Ezéchiel dans les chapitres 1, 2 et suivants décrit en détails, dans ses visions, quatre animaux étranges en qui il reconnaît des chérubins.
Ch 10 v 20 :
« Ce sont là les animaux que j'avais vu sous le Dieu d'Israël auprès du fleuve Kébar ; et je connus que c'était des chérubins. »

Le prophète Zacharie y fait aussi allusion au chapitre 4 v 14 :
« Ce sont les deux oints qui se tiennent devant le Seigneur de toute la terre. »

Les chérubins sont donc dans la proximité immédiate de Dieu qui est assis sur son trône dans son temple, dans le ciel.
Apocalypse 7 v 15 :

« C'est pour cela qu'ils sont devant le trône de Dieu et le servent nuit et jour dans son temple. »
Apocalypse 1 v 19 :
« Et le temple de Dieu dans le ciel fut ouvert et l'arche de l'alliance apparut dans son temple. »

Dans le ciel, nous voyons donc un temple, un trône où siège Dieu et des chérubins qui l'entourent.
Mais, il y a aussi une cité appelée la nouvelle Jérusalem.
L'apôtre Paul en fait mention dans Galates 4 v 26 :
« Mais la Jérusalem d'en haut est libre, et c'est elle qui est la mère de nous tous. »

La Jérusalem terrestre fut construite sur la montagne de Sion qualifiée aussi de « montagne de l'Eternel » et de la « sainte montagne de Dieu ». Le nom de Jérusalem fut même remplacé par celui de Sion.

Or, nombreux sont les passages qui situent aussi cette colline ailleurs qu'en Palestine, bien au-delà, dans le ciel même de Dieu.

Hébreux ch 12 v 22 :
« Mais, vous êtes venus à la montagne de Sion, à la cité du Dieu vivant, à la Jérusalem céleste, aux milliers d'anges. »

Le prophète Joël avait anticipé cette déclaration (ch 3 v 16).
« Et l'Eternel rugira de Sion et fera entendre sa voix de Jérusalem ; les cieux et la terre seront ébranlés. »

L'auteur de l'épître aux Hébreux, qui parle de l'ébranlement de la terre et des cieux, dit aussi que la voix de Dieu sortira alors du ciel :
Heb 12 v 25-26 :
« Combien moins échapperons-nous si nous nous détournons de Celui qui parle du haut des cieux, lui dont la voix ébranla alors la terre et qui, maintenant a fait cette promesse : une fois encore, j'ébranlerai non seulement la terre mais aussi le ciel. »

Tout ces textes nous enseignent que la montagne de Sion, que Jérusalem et que le temple et le trône de Dieu sont dans le ciel.

Cette Jérusalem céleste nous est présentée et décrite au chapitre 21 du livre de l'Apocalypse.
Cette description laisse une impression d'intense luminosité, de luxuriance de coloris aussi bien que de parfaite transparence.
Chaque pierre précieuse reflète la lumière de la gloire divine à travers le prisme de ses propres couleurs.
Certaines d'entre elles étincellent comme une flamme tandis que d'autres émettent elles-mêmes de la lumière.
Dans ce lieu, tout est flamboyance, luminosité, clarté, transparence, limpidité, polychromie, en un mot perfection !
Tout irradie la sainteté, la pureté et la vie dans toute la richesse de ses multiples facettes.

C'est dans cette cité céleste que se trouve un arbre, appelé l'arbre de vie, unique dans tout l'univers qui pousse près d'un fleuve, lui aussi unique, duquel coulent des eaux vives agrémentant le paradis de Dieu.

Apoc 2 v 7 :
« A celui qui vaincra, je donnerai à manger de l'arbre de vie qui est dans le paradis de Dieu. »
Apoc 22 v 1-3 :
« Et Il me montra un fleuve d'eau de la vie, limpide comme du cristal qui sortait du trône de Dieu et de l'Agneau. Au milieu de la place de la ville et sur les deux bords du fleuve, il y avait un arbre de vie, produisant douze fois des fruits, rendant son fruit chaque mois et dont les feuilles servaient à la guérison des nations ».

Ce long détour sur les chemins de la Cité céleste avait pour but de découvrir avec émerveillement, non seulement, la beauté indescriptible de l'environnement dans lequel les rachetés sont appelés à vivre éternellement, mais surtout, de situer le cadre de vie de celui qui en fut chassé après sa rébellion contre Dieu lui-même et ainsi, de mieux cerner sa personnalité, avant et après.

Le prophète Ezéchiel nous permet d'en découvrir quelques aspects.
Ezéchiel 28 v 12-18 : le roi de Tyr désigne ici la personne de Satan :

« Fils de l'homme, prononce à haute voix une complainte sur le roi de Tyr et dis-lui : ainsi a dit le Seigneur, l'Eternel : « toi, à qui rien ne manque, qui es plein de sagesse et parfait en beauté ; tu as été en Eden, le jardin de Dieu ; ta couverture était de pierres précieuses : de sardoine, de topaze, de jaspe, de chrysolithe, d'onyx, de béryl, de saphir, d'escarboucle, d'émeraude et d'or ; le bruit de tes tambours et de tes flûtes a été chez toi ; ils ont été préparés pour le jour où tu fus créé. Tu étais un chérubin oint pour protéger ; je t'avais établi et tu étais dans la sainte montagne de Dieu ; tu marchais au milieu des pierreries éclatantes comme le feu. Tu étais parfait dans tes voies depuis le jour que tu fus créé jusqu'à ce que la perversité a été trouvée en toi.
Dans l'abondance de ton commerce, tu as été rempli de violence au milieu de toi, et tu as péché.
Je te jetterai comme une chose souillée hors de la montagne de Dieu ; je te détruirai, ô, chérubin ! qui protège du milieu des pierreries éclatantes comme le feu. Ton cœur s'est élevé à cause de ta beauté, tu as corrompu ta sagesse par ton éclat, je te jette par terre, je te livre en spectacle aux rois. »

Arrêtons-nous un instant sur ce que nous dit ce texte.
Nous apprenons que cet être exceptionnel était plein de sagesse et parfait en beauté et qu'il a été dans l'Eden céleste, le jardin de Dieu. Nous savons aussi, selon le livre de la Genèse, qu'il était présent dans l'Eden terrestre avec les seuls humains Adam et Eve. (Gen 3 v 1-6)
Il y est présenté sous la forme du serpent, appelé le diable.

Autrement dit, le personnage décrit sous les traits du roi de Tyr ne peut pas être un homme mais, ce chérubin en rébellion contre Dieu.

L'Eden qui nous est décrit par Ezéchiel est à l'évidence la Cité de Dieu. La comparaison avec la description donnée dans le chapitre 21 de l'Apocalypse ne laisse aucun doute. Le personnage qui nous est présenté est un familier des lieux divins. Il marche au milieu des pierres éclatantes comme le feu. A cet égard, la pierre appelée escarboucle, désignait dans le passé une catégorie de minéraux d'un rouge extrêmement vif, comme des charbons ardents, en général des silicates alumineux, à bases variables, telles que le grenat et le rubis.

Le terme escarboucle (lat : carbunculus) indique la vivacité de son éclat.

La désignation de roi de Tyr l'a été à dessein en raison de ce qu'il incarnait de gloire et de puissance mise au service du mal.

4) En résumé :

Satan a vécu en Eden, le jardin de Dieu.
Les pierres précieuses qui composent la Jérusalem céleste étaient sa couverture.
Il a été dans la sainte cité de Dieu.
Il en a parcouru les rues.
Il était parfait dans ses voies.
Il était plein de sagesse.
Il était parfait en beauté.
Il était un des chérubins oint pour protéger.
Dieu l'avait créé ainsi.

Voici quelques commentaires sur celui qui ici est appelé le roi de Tyr et que l'on retrouve sous le titre de roi de Babylone dans Esaïe 14 v 12.

Charles Beecher , pasteur américain (1815-1900) :

« Dans ces paroles adressées au roi de Tyr, plusieurs expressions sont trop élevées pour pouvoir s'adresser à un souverain terrestre. Cela explique l'opinion très générale que le Saint-Esprit, envisageant le roi de Tyr comme un emblème de Satan, a prononcé ces paroles en s'adressant à lui, dépassant l'image et s'appliquant directement à la réalité.
Telle est l'opinion d'Augustin, de Jérôme, de Tertullien, d'Amboise et d'autres Pères. Le chérubin est l'emblème le plus élevé de tous, celui qui approche le trône de Jéhova, celui qui emprunte le plus sa majesté et qui est le plus intimement lié avec son gouvernement. On peut considérer comme une croyance établie que c'était la position occupée originellement par Lucifer, appelé l'astre brillant dans Esaïe 14 v 12. »

Satan signifie : adversaire ; le diable : le calomniateur ; Lucifer : qui donne la lumière.

On peut s'interroger sur l'utilisation du titre de roi de Tyr pour décrire la personne de Satan.
Dans la 1° partie du ch 28 d'Ezéchiel, la parole est directement adressée à ce monarque qui régnait sur la Phénicie :
« parce que ton cœur s'est élevé….quoique tu sois un homme. »
Plus loin : « tu mourras de la mort des incirconcis par la main des étrangers. »
Toute la description montre que c'était un roi superbe et insolent.
Tyr était une cité commerciale forte, riche et influente ; mais elle était aussi corrompue que riche.
Son prince n'était qu'un instrument entre les mains de Satan pour faire sa volonté.
Le vrai monarque, le vrai roi de Tyr était en réalité Satan lui-même.

On retrouve ce même procédé figuratif pour désigner Satan dans L'Apocalypse au chapitre 12 où l'empire romain est figuré par un grand dragon roux que l'on voit apparaître au chapitre 20 v 2 sous les traits du diable.
De même, dans Esaïe 14 v 12-14, Satan est directement interpellé dans une prophétie relative à Babylone :

« Comment es-tu tombée des cieux, étoile du matin, fille de l'aube du jour ? Toi qui foulais les nations, tu es abattue jusqu'en terre. Tu disais en ton cœur : je monterai aux cieux ; j'élèverai mon trône par-dessus les étoiles du Dieu fort…..je serai semblable au souverain. »

Quel est donc cet être tombé du ciel ?
Jésus en parle dans Luc 10 v 18 :
« Je voyais Satan tomber du ciel comme un éclair » semblant répondre à la question d'Esaïe : « comment es-tu tombée, étoile du matin ? »

A l'évidence, ces deux déclarations se rapportent à la même personne et Jésus l'appelle Satan.
Dans le dictionnaire de la Bible de J-A Bost (1849) nous lisons la définition suivante du diable :

« Le plus grand des anges déchus, grandeur sublime tombée, s'est séparé de Dieu par un premier essai d'indépendance qui a été d'autant plus efficace que sa nature était plus relevée ; dans sa chute, il a cherché et réussi à entraîner un grand nombre d'autres qui l'on suivi dans son péché et dans sa ruine ; il a de même séduit et assujetti à la condamnation les hommes que Dieu avait créés droits. »

Ainsi Satan occupait-il une position haute et glorieuse près du trône de Dieu. Il était sage, saint et heureux.
Or, voici que les choses vont radicalement et tragiquement changer.
De mauvaises pensées naissent alors dans le cœur de Lucifer.
Des murmures de mécontentement se font entendre ; l'insubordination fait le sujet des conversations jusqu'à ce jour, ô combien funeste, où la rébellion, sombre, criminelle, implacable, éclate aux yeux effarés des habitants des cieux.

Il faut préciser que tous les commentateurs n'ont pas la même lecture des textes d'Ezéchiel et d'Esaïe auxquels nous nous sommes référés et qu'ils ne voient pas derrière les rois de Tyr et de Babylone la personne de Satan.
Néanmoins, cela n'enlève rien à son origine céleste, à sa puissance, ni au fait qu'il ait habité dans les cieux.

Sa nature angélique est attestée par plusieurs titres qui lui ont été attribués après sa chute :
Il est appelé « l'ange de l'abîme » Apo 9 v 11, « l'Esprit menteur » 1 Rois 22 v 22, « l'esprit de rébellion » Eph 2 v 2, le « chef des démons » Matt 2 v 24.
Il est même capable de se transformer en « ange de lumière ». 2 Cor 11 v 14.

Son origine céleste est aussi attestée par la parole de Jésus, déjà citée, adressée aux soixante et dix qui se réjouissaient d'avoir soumis les démons en son nom dans Luc 10 v 18 :
« Je voyais Satan tomber du ciel comme un éclair. »

Toutes ces références aux différents lieux mentionnés dans la Parole de Dieu, en particulier lorsqu'elles évoquent le ciel ou les cieux, nécessitent quelques éclaircissements, faute de quoi, on court le risque de faire des contresens néfastes à une saine compréhension des textes, notamment certains passages de l'Apocalypse voire du Nouveau Testament.

A terme, ce travail de localisation nous permettra de situer avec plus de précisions les étapes de la descente de Satan jusqu'à son engloutissement dans l'étang de feu et de soufre ainsi que ses terrains d'action.

Il importe, dès le départ, d'établir la distinction entre le monde visible et celui de l'invisible ; autrement dit, entre les réalités du monde créé, celui de l'univers qui inclue la terre et le ciel et les réalités du monde céleste qui abrite des créatures de Dieu que nos yeux ne peuvent pas voir.
Le premier de ces univers est de l'ordre de la matière qui possède ses propres lois et qui est voué à la disparition ; le second est de l'ordre du spirituel qui possède aussi ses propres lois et notamment celle de l'éternité.

III) Le monde visible, terrestre :

Il s'agit bien, ici, de l'univers créé par Dieu.

Genèse 2 v 1 :
« Ainsi furent achevés les cieux et la terre et toute leur armée. »
v 4 : « Voici les origines des cieux et de la terre, quand ils furent créés. »

Le ciel est alors décrit comme une étendue :
Gen 1 v 8 :
« Dieu appela l'étendue (qui sépare les eaux d'en haut et celles d'en bas) ciel. »

Le ciel est ensuite décrit dans Genèse 1 v 20, dans sa dimension atmosphérique avec les mentions « des nuées du ciel et des oiseaux du ciel ». Il s'agit ici d'une atmosphère propice à la vie.

Mais, il est aussi décrit dans sa dimension sidérale autrement dit astronomique avec la mention des planètes et des étoiles.
Gen 1 v 14-17 :
« Qu'il y ait des luminaires dans l'étendue du ciel ; »
Lune, soleil et étoiles.

L'expression « les cieux et la terre » englobe donc ces trois réalités : La terre, l'atmosphère terrestre et le ciel des étoiles, constituants de l'univers créé.

Gen 1 v 1 : « au commencement, Dieu créa les cieux et la terre. »
Gen 14 v 19 : « Abram bénit le Dieu très haut, Maître du ciel et de la terre. »

C'est ainsi qu'au chaos initial de Gen 1v1 succède le cosmos, littéralement, l'univers organisé et harmonieux créé par Dieu

Jérémie 23 v 23-24 :
« Ne suis-je un Dieu que de près, dit l'Eternel, et ne suis-je pas aussi un Dieu de loin ? Quelqu'un se tiendra-t-il dans un lieu caché sans que je le vois ? dit l'Eternel. Ne remplis-je pas, moi, les cieux et la terre ? dit l'Eternel. »

Nous pouvons constater ici la présence invisible de Dieu au sein même du monde visible qu'Il a créé.

Cette réalité heurte Salomon lorsqu'il doit dédicacer le temple de l'Eternel.
Rois 8 v 27 :
« Mais quoi, Dieu habiterait-Il véritablement sur terre ?
Voici, les cieux et les cieux des cieux ne peuvent te contenir : combien même cette maison que je t'ai bâtie ! »

Cette référence aux cieux et aux cieux des cieux semble faire écho à celle qui est faite dans Deutéronome 10 v 14, par Moïse lorsqu'il s'adresse au peuple d'Israël :
« Voici, à l'Eternel ton Dieu appartiennent les cieux et les cieux des cieux, la terre et tout ce qu'elle renferme. »

Dans ces deux textes, l'infinie souveraineté et l'infinie majesté de Dieu sont mises en exergue de façon particulière. En effet, non seulement, Il règne sur les cieux et la terre mais, de surcroît, la formule « les cieux des cieux » laisse à penser l'existence d'un autre univers qui dépasse infiniment en dimension et en beauté, l'univers connu des humains.
Sur ce sujet, nous reviendrons plus loin.

Il est intéressant de noter combien la description que la Bible fait de notre univers, certes en termes imagés, est proche de l'observation des scientifiques contrairement à d'autres cosmogonies.

C'est ainsi que les philosophes de l'Antiquité et particulièrement Aristote, philosophe grec du IV siècle av J-C, se figuraient le ciel comme une sphère solide. Ils en définissaient les bornes sous le terme « firmament ». (lat : firmare : rendre ferme).
C'est ce terme qui a été malheureusement repris dans la traduction latine de la Vulgate.
Or, le terme hébreu « râquia » qui est traduit dans la version Second par « étendue » rend mieux le véritable sens qui évoque l'idée d'une « étendue inconsistante».
C'est ce terme d'étendue que l'on retrouve notamment dans les versions Darby, Synodale, Ostervald et celle de Lausanne.
Ce n'est pas le cas dans les versions catholiques comme la Bible de Jérusalem, celle de l'Abbé Crampon ou la version œcuménique Tob.

Outre les textes qui décrivent le ciel qui coiffe notre terre comme source de pluies, de neige, de grêle et de vents, et ceci en accord avec la science (cf : Job 38 v 22 et ss/ 37 v 9 et ss/ Gen 7 v 11 / 2 Rois 7 v 2), il est un texte de Job qui a retenu notre attention.

Job 26 v 7-8 et 11 :

« Il étend le septentrion sur le vide, il suspend la terre sur le néant. Il renferme les eaux dans ses nuages et les nuages n'éclatent pas sous leur poids. »
« Les colonnes du ciel s'ébranlent. »

Il s'agit là d'un langage imagé qui cependant peut être relié aux observations scientifiques.

1) Notre univers :

Les scientifiques, astrophysiciens et mathématiciens s'accordent à dire que notre univers vieux de 15 milliards d'années est un univers plat à grande échelle.
Les Anciens le décrivaient comme une sphère.
La Bible, dans la Genèse, nous présente le ciel comme une étendue, ce qui induit l'idée de planéité, idée corroborée par l'image des colonnes du ciel, comme si le ciel était un plafond plat, une sorte de vélum, soutenu par des poteaux.
Par ailleurs, deux autres textes viennent à l'appui de ce que confirme la science.
Esaïe 34 v 4 qui évoque le jour de la colère de Dieu contre les nations :
« Toute l'armée des cieux se dissout ; les cieux sont roulés comme un livre… » Rappelons ici que les livres de l'époque se présentaient sous forme de rouleaux.
Cette image est reprise dans l'Apocalypse ch 6 v 14, pour évoquer le jour de la colère de l'Agneau.
« Le ciel se retira comme un livre qu'on roule. »

L'image du livre qu'on roule et qu'on déroule est significative de deux caractéristiques de l'univers :
- d'une part quant à sa forme plate qui peut avoir une certaine épaisseur,
- d'autre part quant à ses limites qui sont bien définies par les scientifiques qui en déterminent le nombre d'atomes à 10 puissance 80.

2) Le cosmos :

Le cosmos dans sa définition d'espace extra-terrestre ou de ciel sidéral où se trouvent les étoiles, échappe aux règles de notre atmosphère en termes de densité. Il suffit de se rappeler qu'en pénétrant dans

l'atmosphère terrestre, la température des navettes spatiales augmente de 1000 degrés par effet Joule !
Dans le cosmos les objets circulent à des vitesses vertigineuses comme si l'atmosphère y était inconsistante. On parle alors du « vide sidéral. »
Or, cette réalité est évoquée par Job lorsqu'il dit :
« Il étend le septentrion sur le vide ! »
Lorsqu'on sait que, outre le Nord, le septentrion désigne la Petite Ourse constituée de 7 étoiles, appelées aussi les 7 bœufs de labour, on ne peut qu'apprécier la justesse de ces informations bibliques.

c) Un dernier élément propre à susciter l'intérêt concerne la description du ciel et plus précisément sa nature.
Comme nous l'avons dit, alors que les Anciens concevaient le ciel comme une sphère solide, décrite sous le terme de « firmament », la Bible le décrit comme une « étendue inconsistante ».
Cette idée d'inconsistance semble s'accorder avec les observations des astrophysiciens qui ont constaté que notre univers est en expansion.
En d'autres termes, tous les objets cosmiques semblent d'éloigner les uns des autres, comme si des mains puissantes distendaient une nappe de caoutchouc sur laquelle serait posée une tasse de thé.
Ils utilisent pour cela les radiotélescopes qui mesurent les rayonnements cosmiques, ce qui leur permet de calculer l'espace/temps avec l'échelle du temps de Planck, base de la mécanique quantique.
Si l'univers correspondait à la vision rigide et homéostatique d'Aristote, une telle expansion ne serait pas observable.

Par ailleurs, et à l'inverse de ce phénomène, en remontant dans le passé, l'univers est perçu dans un mouvement de contraction jusqu'à son origine, ce qui fait dire aux observateurs :
« L'univers primitif était froid, infini, noir, et presque vide. C'était une sorte de vaste mer agitée par les vagues des ondes gravitationnelles. »

Comment ne pas être émerveillé de voir combien cette description est proche de celle qui nous est faite dans Genèse 1 v 2 :

« La terre était informe et vide ; il y avait des ténèbres à la surface de l'abîme et l'esprit de Dieu se mouvait au dessus des eaux. »

Le tôhû en hébreu, désigne ce qui est informe, comme un désert sans chemin. Cet « informe » va prendre forme et sens à la création.
Le bôhû désigne le « vide » qui va être rempli à la création.
Genèse 1 v 3 :
« Et Dieu dit ! » cette formule sera répétée 6 fois à chaque étape de la création.
« Et Dieu vit ! » formule répétée aussi 6 fois pour attester de l'excellence des actes créateurs.

Ceci nous renvoie à la parole du psalmiste au chapitre 33 v 9 :
« Car Il dit et la chose arrive, Il ordonne et la chose arrive ! »
Notez ceci :
Il ordonne, c'est-à-dire, Il donne l'ordre, mais aussi, Il donne de l'ordre.

3) Le monde visible en bref :

Il y a donc la terre, entourée de son atmosphère vitale, et, tout autour, le ciel stellaire, sidéral qui se déroule comme un tapis parallélépipédique constellé de milliards de galaxies. (Environ 100 milliards de galaxies visibles)

La Parole de Dieu nous rappelle que tout ce qui est matériel a une fin et qu'il en sera ainsi un jour de notre univers.
Dans Matthieu 24 v 35, Jésus dit ;

« Le ciel et la terre passeront mais mes paroles ne passeront point. »

Cette prophétie est reprise par l'apôtre Pierre dans 2 Pi 3 v 10 :

« Le jour du Seigneur viendra comme un voleur. En ce jour, les cieux passeront avec fracas, les éléments embrasés se dissoudront, et la terre avec les œuvres qu'elle renferme sera consumée....v 13 :..Mais, nous attendons selon sa promesse, de nouveaux cieux et une nouvelle terre où la justice habitera. »

C'est à l'apôtre Jean que nous devons de voir le voile s'entrouvrir sur une nouvelle réalité qui nous introduit dans le monde nouveau d'une humanité nouvelle qui chantera un cantique nouveau dans des corps nouveaux car spirituels et glorieux.

Apocalypse 21 v 1 :

« Puis, je vis un nouveau ciel et une nouvelle terre ; car le premier ciel et la première terre avaient disparu, et la mer n'était plus. Et je vis descendre d'auprès de Dieu, la ville sainte, la nouvelle Jérusalem, préparée comme une épouse qui s'est parée pour son époux. »

Notez le contraste entre la mer, symbole des peuples rebelles et turbulents, qui n'est plus, et la ville sainte symbole des rachetés de tous les temps qui descend d'auprès de Dieu !

L'évocation de la fin de ce monde visible, matériel nous conduit à nous pencher sur le monde invisible, céleste.

IV) Le monde invisible, céleste :

L'étude de ce sujet impose de poser quelques principes préalables afin d'éviter tout risque de contresens.

- En premier lieu, il faut être conscient que nous quittons un monde concret, visible, tangible, quantifiable pour un monde radicalement différent, invisible, inimaginable, inconcevable et incommensurable.

Le premier se caractérise par les limitations liées à sa nature physique faite d'atomes, de molécules, d'électrons et d'ions, limitations qui s'inscrivent dans un temps et un espace déterminés. C'est dans ce cadre que l'homme évolue subissant ses lois qui établissent les limites de ses capacités et déterminent ses champs d'action.

Le second se caractérise par l'inexistence de ces contingences liées à la matière touchant à la fois à sa topographie et aux populations spirituelles qui l'habitent.

Ceci nous conduit à dire que, si le vocabulaire biblique pour désigner les sphères de l'invisible emprunte au langage usuel terrestre, il importe de n'y voir que des images portant sur des réalités au demeurant inaccessibles à notre conception des choses.

Dès lors, toute tentative de localisation dans l'espace ou dans le temps ne peut être considérée que comme une facilité intellectuelle pour entrevoir ce monde mystérieux, sachant que ces notions sont inadéquates pour traduire des réalités non soumises aux lois de la matière.
Cependant, l'image garde toute sa valeur évocatrice et pédagogique.

  - Pour nous rendre accessibles à certaines des réalités qui le concernent directement, ou qui concernent les populations célestes, ou encore les lieux où se déploient leurs activités, Dieu, le Dieu des cieux a pris le risque, en utilisant notre vocabulaire et en usant parfois de formules anthropomorphiques (Ex : Père, maison, cité) de voir porter un regard réducteur sur sa personne, sur sa majesté et sur son Royaume.
Gardons-nous donc de nous laisser enfermer par les mots et, au contraire, sachons toujours les utiliser comme inspirateurs de choses infiniment plus grandes que celles qu'ils semblent exprimer selon leur sens commun.

La Bible nous révèle l'existence de plusieurs lieux qui relèvent du monde de l'invisible.

C'est ainsi que s'offrent à nous :

- le ciel qui est la demeure de Dieu.
- Le tartare, appelé aussi l'abîme.
- Le Hadès ou Shéol ou séjour des morts.
- La géhenne ou étang de feu et de soufre.

1) Le ciel, demeure de Dieu :

L'utilisation de ce vocable pour désigner le lieu où réside Dieu n'est pas anodin. En effet, en se référant à la réalité du ciel terrestre, il nous est possible de mieux appréhender la nature de Dieu :

- Le ciel est lumineux comme Dieu est lumière.
- Le ciel est harmonieux comme Dieu est harmonie.
- Le ciel est impénétrable comme est impénétrable le mystère divin.
- Le ciel semble inaccessible comme inaccessible est le siège de Dieu.
- Le ciel est immense comme est immense le Créateur.

Cette hauteur de Dieu qui le rend tout autre s'exprime dans ces paroles de l'homme :
Jean 3 v 13 :
« Nul n'est monté au ciel. »
Proverbes 30 v 4 : idem Romains 10 v 6 :
« Qui est monté au ciel, qui en est descendu ? »

Il faut être fou comme le roi de Babel pour rêver de monter au ciel. (Genèse 11 v 4).
Le faire, c'est prétendre égaler le Très-Haut :
Esaïe 14 v 14 :
« Je monterai sur le sommet des nues, je serai semblable au Très-Haut. »

Ainsi, l'évocation du ciel que l'homme peut contempler, permet-elle de penser le ciel de Dieu. C'est ainsi que s'établit naturellement une relation entre le concept du ciel, lieu inaccessible et lumineux, et la personne de Dieu.

Psaumes 115 v 16 :
« Les cieux sont les cieux de Yaweh, mais il a donné la terre aux fils d'Adam. »

Comme dit précédemment, ce serait une grave erreur que de vouloir situer la demeure de Dieu selon une topographie qui emprunterait indûment aux règles de notre monde physique.
C'est seulement par commodité que nous percevons les cieux bien au-dessus et au-delà de notre ciel terrestre.
En cela, nous sommes en accord avec le fait que Jésus est descendu du ciel, qu'il y est remonté et qu'il en reviendra pour nous y conduire.

Cependant, si une telle descente ou une telle ascension sont évoquées, ce n'est pas seulement pour désigner une distance spatiale, mais bien plutôt pour souligner une distance morale, en terme de justice, d'amour et de pureté qui sépare la présence sainte, lumineuse et glorieuse de Dieu de l'habitation des hommes plongés dans les ténèbres.
Quitter un royaume spirituel de lumière pour un monde terrestre de ténèbres équivaut à une véritable descente dans l'échelle des réalités éternelles du vrai et du beau. C'est ce que vécut le Fils de Dieu lors de son incarnation qui le vit se dépouiller de certains de ses attributs dont sa gloire dans les cieux, pour rejoindre l'homme dans sa nuit.
Ce dépouillement (gr : kénose) est exprimé dans Philippiens 2 v 6-7 :

« Lui, de condition divine, ne retint pas jalousement le rang qui l'égalait à Dieu. Mais il s'anéantit lui-même, prenant condition d'esclave, en devenant semblable aux hommes. S'étant comporté comme un homme, il s'humilia plus encore, obéissant jusqu'à la mort, et à la mort sur une croix ! »

N'oublions pas que Dieu est esprit et que « les cieux des cieux ne peuvent le contenir. »

En d'autres termes, la présence même de Celui qui est Lumière constitue en soi une demeure pour ceux qui ont le privilège d'entrer dans son intimité.
Or, s'Il a déterminé des limites spatiales et temporelles à l'univers qu'Il a créé et dans lequel nous vivons, son univers à Lui, son ciel à Lui est à la mesure de son être infini et éternel.

A la lumière de ce que nous venons de voir, nous serions tentés de ne considérer le ciel de Dieu que sous l'angle d'un espace sans limite où le regard se perdrait à l'infini et, en cela, selon nos critères humains serions-nous en accord avec les Ecritures : « les cieux des cieux ne peuvent Le contenir. »
Pour autant, la réalité du ciel de Dieu est plus complexe.
En effet, si Dieu lui-même, en raison de sa nature, emplit tout espace, et si tant est que le concept d'espace soit adapté pour avoir un sens dans la sphère divine, nous ne devons pas oublier qu'Il a créé des êtres angéliques pour le servir, lesquels ont un corps propre adapté à leur environnement, et qui évoluent selon les modalités et dans les limites qu'Il leur a assignées. Nous savons qu'ils ne possèdent pas le don d'ubiquité exclusif à Dieu mais qu'ils peuvent se déplacer comme l'éclair et descendre sur la terre.
Cf : Matt 24 v 36 / 25 v 31 / 28 v 2 / Marc 13 v 32 / Luc 22 v 43.

Autrement dit, ces être puissants, mobiles sont identifiables et localisables. Mis au service des enfants de Dieu, ils obéissent aux ordres de Dieu pour effectuer, rapides comme l'éclair, des incursions dans le monde des hommes dont ils peuvent même prendre l'aspect.

Ceci laisse à penser qu'il est un lieu où ils rencontrent Dieu, un lieu où sa présence est visible et identifiable.

Les théophanies de l'Ancien Testament évoquent cette capacité de Dieu à se manifester sous différents aspects.
Il est question de l'ange de l'Eternel (Gen 16 v 7), de l'ange de l'Alliance (Mal 3 v 1), des colonnes de feu et de nuée (Ex 13 v 21) de la gloire de Dieu sur le Sinaï (Ex 24 v 16), dans la première tente d'assignation (Ex 33 b 9) et lors de la dédicace du temple de Salomon (2 Rois 8 v 10).
Puis, plus rien lors de la destruction du temple et de Jérusalem (Ezé 9 v 3 / 10 v 4 / 18 v 19 / 11 v 22) jusqu'à l'incarnation de son Fils dont il nous est dit que son corps était véritablement un temple de Dieu.
(Jean 2 v 21)

Un regard vers l'avenir concernant les rachetés de Dieu, les projette devant le trône même de Dieu. Alors, est-il écrit, « le Seigneur sera tout en tous, et ils le verront face à face et connaîtront comme ils ont été connus. » (1 Cor 13 v 12 / Apoc 22 v 3)

Puisque Dieu est partout à la fois, il peut donc être « ici et maintenant » pour ses enfants dans leur condition humaine, mais aussi là où vivent, dans la gloire de sa présence, ses créatures angéliques.

a) le troisième ciel :

C'est ce lieu béni que l'apôtre Paul évoque dans 2 Corinthiens 12v 2-4, lorsqu'il parle de ce que fut pour lui son expérience de ravissement extrême dont il ne donne pas de détails.
Il définit le lieu où il entendit des paroles ineffables comme le troisième ciel qu'il identifie au paradis.

NB : il fut ravi (gr : harpage = saisir. emporter)
C'est le même terme utilisé pour décrire l'expérience de Philippe que l'Esprit emporta (Actes 8 v 39) ainsi que pour l'enlèvement à venir des rachetés (1 Thes 4 v 17)

Cette mention du troisième ciel qui évoque la présence sublime de Dieu dans toute sa sainteté et dans son harmonie parfaite, induit l'idée qu'il y ait un deuxième ciel et un premier ciel, à moins que ce ne soit qu'une figure de style propre à la façon juive de s'exprimer.

Il est cependant plausible que le second ciel puisse désigner le monde invisible des ténèbres où fut jeté Satan et ses anges, lieu appelé « tartare » tandis que le premier ciel représenterait le ciel de la terre.
Quoiqu'il en soit, le troisième ciel est appelé le paradis.
Ce mot vient du persan « pardes » qui signifie « parc ou jardin clôturé ».
Ce terme est utilisé dans la Septante pour désigner le jardin d'Eden ou jardin des délices et dans le Nouveau Testament pour nommer le lieu où la gloire perdue en Eden sera restituée aux chrétiens (Luc 23 v 43 / Apoc 2 v 7)

« Aujourd'hui, tu seras avec moi dans le paradis. »

« Je donnerai à manger de l'arbre de vie qui est dans le paradis de Dieu. »
On comprend mieux le ravissement de l'apôtre Paul si l'on a présent à l'esprit le fait qu'il rencontra probablement en ce lieu sublime le Christ lui-même dont il persécuta les disciples.
Or, si l'apôtre a gardé par devers lui les merveilles qu'il a pu contempler et les ineffables paroles qu'il a entendues, l'apôtre Jean, lui, a reçu de Christ lui-même des révélations sur cette demeure céleste qui nous est présentée sous les traits de la Jérusalem céleste.

b) la Cité sainte :

Nous nous souvenons, encore émerveillés, de la beauté de ce lieu où tout est d'une perfection exceptionnelle, où tout respire la beauté, l'harmonie, la transparence, la clarté lumineuse, le rayonnement pur de la Vérité, la chaleur de l'Amour, en un mot, où la Vie explose dans un jaillissement de couleurs offertes à profusion aux regards de ses hôtes célestes. (Apoc 21 v 11..)
Voici ce que le chapitre 4 du même livre nous révèle :

« Et, au centre de cette cité, un trône dans le ciel sur lequel est assis Celui auquel il est dit : « Tu es digne notre Seigneur et notre Dieu, de recevoir la gloire et l'honneur et la puissance ; car tu as créé toutes choses et c'est par ta volonté qu'elles ont été créées et qu'elles existent. »

Au chapitre 21 v 32, nous apprenons qu'au terme de la vision qui lui est offerte, l'apôtre Jean, qui vient de contempler la cité radieuse de Dieu, n'y découvre aucun temple.
Le temple de Salomon avec ses riches ornements dont la beauté des proportions s'observe jusque dans les détails du lieu très saint, jusque dans le propitiatoire de l'Arche de l'Alliance, pouvait nous laisser imaginer dans le ciel, un temple démesuré, flamboyant, véritable joyau dont la Cité céleste aurait servi d'écrin.
Or, étonnamment, il n'en est rien ! Mais il y a mieux, infiniment mieux car « Le Seigneur Dieu Tout Puissant est son temple ainsi que l'Agneau. »
Nul besoin de soleil ni de lune car la gloire de Dieu éclaire la Cité.

Les images, les types, les préfigurations, tout cela est de l'ordre du passé. Ce n'était que les ombres des choses à venir, que de pâles reflets de cette nouvelle réalité, de la Réalité !

Le Temple qui nous est présenté n'a rien de figé, n'a pas de limites. Il n'est pas un lieu qui servirait d'interface, d'antichambre à la présence divine ; il est présence réelle, vivante, accession directe au Dieu vivant et vrai ; il est le Seigneur Dieu lui-même ; il est l'Agneau glorifié !

c) Le ciel de Dieu est au-delà :

Appelé par l'apôtre Paul, le troisième ciel, c'est un lieu purement spirituel où Dieu qui est Esprit, habite et se meut sans aucune limitation spatiale en raison de son omniprésence. C'est aussi le lieu où habitent des créatures angéliques qui possèdent une corporéité céleste (1 Cor 15 v 40) avec ses contingences. C'est enfin le lieu où les rachetés seront introduits lors de la résurrection ayant revêtu leur corps spirituel, incorruptible. (1 Cor 15 v 48).

Pour autant, dire que c'est un lieu purement spirituel ne signifie pas que cette immatérialité soit synonyme d'inconsistance ; il ne saurait être comparé à une sorte de nirvana dans lequel chacun se diluerait dans un grand tout qui serait à la fois – être et non être.

Tout au contraire, le ciel de Dieu illustré par la Cité sainte, elle-même symbole de l'ensemble des rachetés, appelée l'épouse de Christ, nous est présenté comme une réalité éblouissante de beauté, comme une entité bien réelle au sein de laquelle chaque enfant de Dieu à une place bien à lui.
Jean 14 v 2… : paroles de Jésus :
« Il y a plusieurs demeures dans la maison de mon Père. Si cela n'était pas, je vous l'aurais dit. Je vais vous préparer une place. »

Le ciel de Dieu se situe donc au-delà de notre terre, au-delà de notre atmosphère, au-delà de notre ciel sidéral, au-delà de notre univers qui a ses propres limites.
Or, dire cela, c'est aussi induire l'idée qu'il existe une immense distance entre le monde céleste de Dieu et le monde terrestre des

hommes. Pour franchir cette distance, il faudrait faire un saut conceptuel que nous sommes incapables d'accomplir.

Cette incapacité relève de plusieurs raisons :

La première tient tout naturellement à l'impossibilité physique propre à l'humain d'avoir accès au monde céleste.
Il y a là une incompatibilité ontologique entre ces deux domaines. Déjà limité dans son exploration de son univers dont les distances se mesurent en années-lumière, l'homme qui ne sait ni ne peut s'affranchir des lois de cet univers (espace-temps/matière-énergie), est donc prisonnier de celles-ci.

La seconde raison qui l'empêche d'avoir accès au ciel de Dieu est de nature morale. En effet, là aussi il y a incompatibilité entre la sainteté de Dieu et de son univers et la corruption et le péché du monde des hommes.
Cette incompatibilité est clairement exprimée par l'image de la lumière opposée aux ténèbres renforcée par celle de Christ et Bélial, personnification de Satan. (2 Cor 6 v 15)

Cependant, mais en sens inverse, la distance entre le ciel de Dieu et la terre des humains ne présente pas d'obstacle infranchissable pour les populations angéliques.
Or, si les anges peuvent s'approcher des hommes, que dire alors du Créateur lui-même !

Nous savons qu'un de ses attributs est l'infinité, autrement dit qu'il est sans limites ; sans limite quant à son Amour, sans limite quant à sa sainteté, sans limite quant à son pouvoir et cela, non seulement qualitativement mais aussi quantitativement.

Un de ses autres attributs est son immuabilité, corollaire de son éternité. Autrement dit, Dieu n'est limité ni dans le temps ni dans l'espace, deux dimensions dont Il est lui-même le créateur.

Infinité, immuabilité et éternité conduisent naturellement à la notion d'omniprésence qui relie deux réalités de la personne divine : sa transcendance – Dieu existe par lui-même et est distinct de sa création et de ses créatures- et son immanence – Dieu est proche de toutes choses et Il est en toutes choses car il en est le Créateur tout en étant distinct de sa création.
(Colossiens 1 v 17 / Actes 17 v 24-28)

On peut dire qu'il n'y a rien et qu'il ne peut rien y avoir au-delà et en dehors de Dieu. Il est totalement présent partout.
Cette omniprésence de Dieu jointe à son omnipotence est le moteur de tout ce qui vit, et toute vie qui se maintient ne peut l'être que par l'effet de sa pure grâce.

Dieu est donc présent, invisible, certes, mais présent et agissant.
(Exo 33 v 2 / Jean 1 v 18 / 1 Tim 6 v 16)

Or, par delà cette action cachée mais bien réelle, Il s'est manifesté dans l'histoire des hommes de façon plus concrète, plus visible, plus évidente.

- Par l'envoi de l'ange de l'Eternel, à la fois distinct et un avec Lui, étant semblable à Lui. Il parle comme étant Dieu lui-même et sa personne semble confondue avec celle du Seigneur
 (Gen 16 v 7,10 / 18 v 10,13-14, 33 / Exo 3 b 2,4 / Jos 5 v 13-15 / Jug 6 v 12-22 / Zach 1 v 10-13 / 3 v 1-2)
 Il s'agit là d'une véritable théophanie ou apparition de Dieu dans laquelle il est possible de voir la personne du Fils.

- Par son incarnation en la personne de son Fils, Jésus-Christ.
 Nous connaissons ses mobiles : l'offrir en sacrifice pour effacer le péché des hommes par la crucifixion, à cause de l'amour infini qu'Il porte à ses créatures.
 Ouvrir une porte d'accès à son royaume de vie aux pécheurs repentis par le don de son pardon, en les réconciliant avec Lui pour en faire ses enfants d'adoption avec la promesse de la résurrection.

Par la réception de son Esprit et par le miracle d'une nouvelle naissance spirituelle (gr : metanoïa) celui qui est appelé « enfant de Dieu » est désormais en communion directe avec son Créateur. La porte du ciel lui est ouverte, le Saint des Saints lui est accessible parce que Dieu est venu habiter en lui.
Par l'Esprit de Christ en lui, le chrétien, nouvelle créature, voit abolie la distance qui, naturellement, le séparait de Dieu.

Désormais, l'incompatibilité morale qui l'empêchait d'être en communion avec Dieu est supprimée par la purification opérée par le sang de Christ. La distance entre le ciel de Dieu et la terre a été abolie.
Désormais, l'incompatibilité physique et ontologique qui empêchait tout accès au ciel de Dieu, à la Cité céleste est supprimée par la perspective de la résurrection.

Le ciel, déjà refuge des âmes rachetées, sera bientôt, pour les corps ressuscités, spirituels et incorruptibles, leur lieu d'habitation et d'éternelle félicité.

2) Le tartare, appelé l'abîme :

Après nous être délectés des richesses et des beautés du ciel de Dieu où tout respire sainteté, perfection, harmonie, lumière et plénitude d'amour, notre regard va se porter sur un lieu dont les caractéristiques se situent aux antipodes.

Monde immatériel lui aussi, invisible, impalpable, échappant aux règles communes de notre univers, il lui est cependant très proche par l'influence délétère, morbide et néfaste qu'il exerce sur les créatures humaines.
Quelles sont donc les caractéristiques de ce lieu sinistre ?
Quels sont les êtres qui le peuplent ?
Quel avenir lui est-il réservé ?

C'est ici que nous renouons avec le personnage central de notre étude, à savoir l'Adversaire de Dieu, Satan ainsi que ses agents, les anges déchus qui l'ont suivi dans sa rébellion.

Le détour que nous avons effectué à dessein nous a permis de prendre la mesure de la majesté lumineuse de la Cité de Dieu que Paul désigne sous la formule du troisième ciel.

C'est là que Satan vit le jour et exerça la mission que Dieu lui avait assignée jusqu'à ce qu'il se rebelle contre Lui entraînant dans sa déchéance d'autres anges séduits par ses discours séditieux.

Nous avons lu dans Ezéchiel 28 v 12 à 18 le sort que Dieu a réservé au roi de Tyr et dans Esaïe 14 v 12 à 15, au roi de Babylone :
« Je te jette par terre ».
De nombreux commentateurs pensent que ces rois incarnaient et symbolisaient la personne de Satan expulsée du ciel de Dieu en raison de l'incompatibilité entre sa sainteté et la corruption désormais avérée du diable.

Souvenons-nous des paroles adressées par le Christ aux Juifs qui veulent le faire mourir dans Jean 8 v 44 :
« Vous avez pour père le diable et vous voulez accomplir les désirs de votre père. Il a été menteur dès le commencement, et il ne se tient pas dans la vérité, parce qu'il n'y a pas de vérité en lui. Lorsqu'il profère le mensonge, il parle de son propre fonds, car il est menteur et le père du mensonge. »

Or, nous savons le sort réservé aux menteurs par l'Apocalypse 21 v 8 :
« La part des menteurs sera l'étang de feu et de soufre. »

Le Seigneur Jésus pointe du doigt la nature exacte de Satan-meurtrier et menteur, adversaire de la vérité.
Qui pourrait supposer que celui qui incarne le péché puisse un instant demeurer dans la présence du Dieu trois fois saint ?!

Si l'on prend en compte les textes d'Ezéchiel et d'Esaïe, on constate que l'être satanique suggéré est jeté hors de la montagne de Dieu, sur la terre.
Il est donc chassé de devant la face de Dieu, mettant hors de son atteinte les populations angéliques restées fidèles au créateur.

Est-ce à dire que pour autant Satan ne pourra plus parler à Dieu ?

N'oublions pas qu'il s'agit d'un esprit et qu'en tant que tel il peut communiquer avec d'autres esprits par un contact direct et, par conséquent aussi avec Dieu, lequel n'est pas cantonné en un lieu en raison de son omniprésence et de son don d'ubiquité.

Satan continuera donc à narguer Dieu, à Lui lancer des défis mais il n'aura plus accès au troisième ciel, aux cieux des cieux, là où Dieu a sa demeure.

Désormais, Satan voit son espace de vie prendre des dimensions dont les limites sont infiniment rétrécies par rapport à ses ambitions démesurées de régner à la place de Dieu sur son univers sans limites et infiniment glorieux.

L'expression – jeté sur la terre – semble souligner cet aspect des restrictions auxquelles vont être assujettis Satan et ses démons.
Non plus l'univers infini et glorieux où il se mouvait en toute liberté, mais un univers circonscrit et limité qui désormais sera son petit ciel à lui, où il pourra exercer le pouvoir que Dieu l'autorisera à posséder.

a) la nouvelle demeure de Satan :

2 Pierre 2 v 4 :
Dans son argumentaire sur le sort des faux docteurs qu'il associe à l'œuvre trompeuse du mensonge, Pierre fait mention de celui des anges qui, eux aussi se sont laissés entraînés dans cette funeste attitude.

« Car, si Dieu n'a pas épargné les anges qui ont péché, mais, s'Il les a précipités dans les abîmes des ténèbres et les réserve pour le jugement… »

Ce texte revêt une importance certaine car, pour désigner le lieu où furent précipités ces anges, et par conséquent leur chef Satan, il fait

mention d'un terme qui ne se retrouve qu'ici dans la Bible, celui de « tartare ».
Le nom de Tartare désigne, dans la mythologie grecque, le lieu le plus bas et le plus terrible des Enfers dans lequel Zeus, le dieu suprême, précipitait ses ennemis et particulièrement les êtres surnaturels qui s'étaient révoltés contre lui. Le Tartare se situait aux antipodes des Champs Elysées, séjour des bienheureux.

Il est important de souligner que le mot « enfer » (lat : inférieur) ne se trouve pas dans la Bible mais qu'il est utilisé pour désigner le lieu de perdition et de châtiment éternel que les Ecritures nomment « l'étang de feu et de soufre ou encore la géhenne. »

Il faut cependant noter un glissement sémantique qui a conduit certains traducteurs à traduire le mot « tartare » par « enfer » induisant ainsi les lecteurs dans une erreur de sens, confondant le lieu de résidence de Satan avec la « géhenne ».

Le texte de Pierre nous apprend plusieurs choses significatives sur le sort réservé à Satan.
Il a été précipité, lui et ses anges, autrement dit, ils sont passés brutalement d'une position élevée à une position de dégradation. Cette chute fut vertigineuse puisqu'elle les conduisit jusque dans le tartare qui représente un séjour de réclusion punitive d'où on ne peut s'échapper.
Or, voici que notre texte ajoute à sa description, des éléments qui précisent les caractéristiques de ce lieu et la condition de ses hôtes.

Pour mieux les faire ressortir, nous aurons recours à plusieurs traductions de la Bible.

Version Second:
« précipités dans les abîmes des ténèbres, Il les réserve pour le jugement. »

Version Darby :
« mais, les ayant précipités dans l'abîme, Dieu les a livrés pour être gardés dans « les chaînes d'obscurité » pour le jugement. »

Version Ostervald :
« Mais si, les ayant précipités dans l'abîme, Il les a liés avec des chaînes d'obscurité et les a livrés pour y être gardés jusqu'au jugement. »

Ces trois traductions s'accordent avec toutes les autres non citées pour souligner l'absence de lumière de ce lieu de châtiment – ténèbres-obscurité – signifiant par là l'absence de vraie vie faite de lumière, comme si ce lieu était une antichambre de la mort dans l'attente de l'exécution de la peine définitive.

Nous retrouvons une description similaire dans Jude v 6 :
« Le Seigneur a réservé pour le jugement du grand jour, enchaînés éternellement par les ténèbres, les anges qui n'ont pas gardé leur dignité, mais qui ont abandonné leur propre demeure. »

Il ressort donc de ces textes :
que le tartare ou abîme désigne un lieu où habitent Satan et ses anges,
que ce lieu n'a aucun contact avec la résidence de Dieu,
qu'il en est infiniment éloigné par sa situation et sa nature – il est en bas et il n'est que ténèbres,
que ses hôtes y sont enchaînés et gardés jusqu'au grand jour du jugement.

Nous avions émis l'hypothèse qu'il pouvait s'agir du deuxième ciel en le situant par rapport au troisième ciel où Paul fut ravi en esprit. De fait, il apparaît que certains commentateurs dont Kelly avaient eux aussi penché en sa faveur.

Quoiqu'il en soit, d'autres textes confirment la proximité de ce lieu avec celui dans lequel nous vivons ainsi que leur réciproque porosité.

Ephésiens 2 v 2 :
« Dans vos péchés, vous marchiez autrefois, selon le train de ce monde, selon le prince de la puissance de l'air, l'esprit qui agit maintenant dans les fils de la rébellion. »

Ephésiens 6 v 12 :
« Car nous n'avons pas à lutter contre la chair et le sang, mais contre les dominations, contre les autorités, contre les princes de ce monde de ténèbres, contre les esprits méchants dans les lieux célestes. »

Notre terre baigne donc dans l'atmosphère ténébreuse, mensongère et mortifère du ciel opaque de Satan et de ses anges, voilant aux yeux des hommes la lumière du ciel de Dieu.

Le lexique grec de Parkhust définit ainsi le tartare ;
« Tartare, dans son sens propre, désigne les ténèbres denses et immuables qui entourent le monde matériel. »

Bengel, un autre commentateur dit ceci en parlant des anges déchus :
« Les ténèbres même constituent leurs chaînes ; elles les lient et ne leur permettent pas de jouir d'aucune lumière et c'est dans cet état qu'ils sont maintenus jusqu'au grand jour du jugement. »

Un autre commentateur, le docteur Sulzberger écrit :
« Pour la plupart des commentateurs, le séjour des mauvais esprits n'est ni dans le ciel, ni en enfer, mais dans l'atmosphère qui entoure la terre. »

b) récapitulatif :

Il y a donc l'univers créé, physique, matériel, limité dans l'espace, semblable à un immense parallélépipède constitué de galaxies constituées elles-mêmes d'étoiles, de gaz et de poussière, galaxies en spirales (étoiles jeunes) ou elliptiques (étoiles âgées). Etoiles entourées de planètes qui gravitent autour d'elles comme Mercure, Vénus, la Terre, Mars, Jupiter, Saturne, Uranus, Neptune et Pluton qui tournent autour de notre soleil et constituent notre système solaire.
Cet immense ensemble constitue notre ciel sidéral que les radiotélescopes essaient de pénétrer tandis que l'œil humain doit se contenter d'observer le ciel avec ses nuages et ses scintillements d'étoiles.

Au-delà de cet univers créé se trouve le monde de Dieu, le troisième ciel, invisible à l'œil, immatériel, spirituel, intemporel. C'est là que Dieu a son séjour entouré de myriades d'anges restés fidèles. Lieu de sainteté parfaite et d'harmonie sans ombre. Lieu de louanges permanentes envers celui qui est le Tout-Autre, Dieu, Père, Fils et Saint-Esprit.

Le deuxième ciel que nous pensons, par hypothèse, être le tartare, est un monde invisible rempli de ténèbres, peuplé d'esprits impurs conduits par Satan, chassés et précipités par Dieu sur la terre après leur rébellion.
Ce deuxième ciel enveloppe notre terre de son atmosphère délétère. L'opacité spirituelle de cette atmosphère qui imprègne notre monde et notre humanité constitue un écran qui occulte la lumière du ciel de Dieu, autrement dit, de la vérité de Dieu, de la vérité sur l'homme, sus ses origines, sur ce qui le maintient en vie, venant s'ajouter aux ténèbres dans lesquelles le péché a plongé l'âme humaine.

3) les relations entre ces trois mondes :

Ces relations sont d'ordre essentiellement spirituel.
Ayant établi que le ciel de Dieu est à l'abri des actions de l'Adversaire reclus dans son tartare jusqu'au jour où il en sera libéré et où il tentera en vain un dernier assaut vers la cité de Dieu
(Apoc 20 v 7-10), nous nous intéresserons particulièrement à ce qui touche l'homme dans ses rapports avec son royaume et avec le royaume de Dieu.

a) Les rapports de l'homme avec le monde des ténèbres :

Il est clair que depuis la chute, l'humanité vit sous l'influence de Satan et de ses agents organisés en puissances, principautés et dominations. De même que par la suggestion un homme peut être assujetti à un autre homme, - on dira alors qu'il a été séduit – Satan et ses démons peuvent séduire les hommes, leur suggérant des idées et des pensées d'autonomie, de convoitise.
Il importe de préciser que même sans l'action du diable, l'homme est sous l'emprise du péché qui le conduit selon les lois de l'orgueil et de

l'égoïsme. Il ne saurait donc être exonéré de ses fautes et ne pourrait décliner sa responsabilité.

Ce qui caractérise l'esprit humain, c'est sa perméabilité à la suggestion, particulièrement lorsqu'elle va dans le sens de sa nature dévoyée, privée de la lumière de la vérité.

Or, Satan connaît l'âme humaine et ses faiblesses mieux que quiconque, et il est passé maître dans l'art « d'induire en tentation » ; il est le roi du sophisme et le champion de l'emballage de ce qu'il y a de plus vil dans des écrins étincelants. Il se présente lui-même sous les traits de « l'ange de lumière ».

Sans le savoir, chaque fois que l'homme essaie de justifier ce qu'il sait être mauvais comme étant bien, il est sous l'influence de l'Adversaire.

En bref, retenons le plus important, à savoir que, bien qu'invisibles, les puissances de l'air communiquent avec les hommes par les voies mystérieuses mais bien réelles de l'esprit, avec assez de subtilité pour passer inaperçues et leur laisser croire que seule leur intelligence est source de leurs propres pensées.

b) les rapports entre les hommes et le monde divin :

b1) histoire tragique d'une rupture :

Avant la déclaration d'indépendance signée par Adam et Eve bravant l'interdit divin de prendre du fruit de l'arbre de la connaissance du bien et du mal, il existait un rapport direct avec Dieu lui-même.

Dieu marchait alors en ce paradis jusqu'au soir funeste où fut consommé l'acte de désobéissance qui conduisit le premier couple humain à être chassé d'Eden, le jardin des délices, et à être privé de la présence de son Créateur.

Dieu avait dit à Adam : « le jour où tu mangeras du fruit de cet arbre, tu mourras ! »

Cette mort allait être expérimentée de deux façons :

La première par une rupture du dialogue avec Dieu, dialogue vital pour l'âme humaine puisque sa raison d'être essentielle était fondée sur sa relation avec le créateur, seule source de vie, d'harmonie, de bonheur et de réalisation de soi.

Dès cet instant, l'homme dépendra pour la conduite de sa vie des seules ressources de son intelligence obscurcie et des ses instincts dévoyés.
Comme un navigateur perdu sur l'immensité de l'océan, ses yeux ne pourront plus voir la lumière du phare divin montrant le port salvateur. C'est ce qu'on appelle « la mort spirituelle. »

La seconde façon d'expérimenter la mort sera celle de la mort physique, signature visible et concrète de la rupture avec le Dieu de la vie : « Car tu es poussière et tu retourneras à la poussière ! »

Une chose est certaine : si Dieu en était resté là, ce qui n'aurait été que justice, le sort de l'homme aurait été scellé à jamais dans la perspective d'une vie de douleur et d'une fin éternellement ténébreuse.
Or, si le ciel est désormais fermé à l'homme, la terre ne l'est pas au Dieu d'amour !
Certes le serpent ancien a remporté une bataille mais, par amour pour ses créatures, Dieu a prévu de lui livrer une guerre sans merci qu'Il remportera définitivement au jour prévu, en mandatant son champion, son Fils lui-même.

b2) histoire du plan de salut de Dieu :

Déjà, dans Genèse 3 v 15, Dieu dévoile son plan à Satan:
« La postérité de la femme t'écrasera la tête. »

Satan le sait, mais dans son orgueil démesuré, il va refuser d'y croire jusqu'à son combat final qui lui sera fatal.
Dieu va donc préparer l'humanité à la réalisation de ses desseins de salut. Il va se choisir un peuple qui aura pour mission de rappeler aux autres nations qu'Il existe, qu'Il est le Créateur, le Tout Puissant, le Dieu de la vie, de la Justice et de l'Amour, le Dieu de la Vérité.

Pour ce faire, Il va appeler des hommes pour parler en son nom, les prophètes ; Il va envoyer des anges pour des missions particulières ; Il va manifester sa puissance en soutenant son peuple lors des guerres lorsqu'il Lui sera fidèle, ou en le laissant à la merci de ses adversaires

lorsqu'il Lui sera infidèle. Il va laisser des symboles, des types, des repères à travers le Temple, le Très Saint, les sacrifices, la Loi, les préceptes etc…
Bref, Dieu va parler aux hommes de multiples façons progressivement et, à ceux qui auront été fidèles et attachés à Lui, Il va ouvrir un pan du ciel, jusqu'alors inaccessible à la majorité : Enoch, David, Job, Esaïe etc…

Mais, là où tout va radicalement changer, c'est lorsqu'Il viendra lui-même, en la personne de son Fils Jésus-Christ, pour prêcher aux hommes la bonne nouvelle du salut.

En Jésus-Christ, le Royaume de Dieu s'est approché des hommes et leur a été révélé. En Jésus-Christ la Parole leur a été présentée sous forme humaine. Par Jésus-Christ, la lumière de la Vérité leur a été offerte !
La mort et la résurrection du Fils vont rétablir le dialogue entre Dieu et tous les hommes qui désireront, par la foi, renouer le fil rompu avec leur Créateur.
Désormais, la lumière divine qui s'est frayé un chemin au travers de l'obscurité qui enveloppait la terre est accessible à tous les hommes qui acceptent qu'elle pénètre dans l'ombre de leurs cœurs.
Une énorme brèche a été faite dans le ciel opaque du Père du mensonge, par laquelle le regard du croyant voit briller la lumière divine, son âme étant illuminée par les rayons célestes de l'amour divin.
De surcroît, par le chemin ouvert par le Christ ressuscité, dont l'ascension majestueuse a vu s'enfuir, effrayés les anges de Satan, Le Saint-Esprit, son Esprit vivant, permet au croyant régénéré dont Il est devenu l'hôte, d'avoir un accès direct avec le Père, par le Fils assis à sa droite dans les cieux.

Le dialogue est enfin renoué. Le soleil de Dieu luit à nouveau sur la terre à travers son Eglise. La vérité dans le cœur des croyants a de nouveau droit de cité et déjà, se dessinent les traits d'une nouvelle humanité qui sera rendue parfaite au grand jour de la résurrection et de l'avènement du Seigneur des Seigneurs.

Est-ce à dire que tout est pour le mieux dans le meilleur des mondes ?
Certes non ! Car l'Adversaire est toujours actif et que son objectif principal est le bastion constitué par l'Eglise, « colonne et appui de la Vérité » contre laquelle il a engagé une guerre totale.
Ce faisant, il a oublié cette parole du Christ dans Jean 16 v 33 :
« Vous aurez des tribulations dans le monde ; mais, prenez courage, j'ai vaincu le monde ! »

4) Le Shéol, le Hadès ou séjour des morts et la géhenne :

Après avoir porté un regard sur notre univers, puis sur le ciel de Dieu, puis sur l'abîme ou tartare, il nous semble intéressant d'étudier deux autres lieux mentionnés par la Parole de Dieu : il s'agit du séjour des morts, appelé hadès ou shéol, et la géhenne :

a) le séjour des morts :

Psaumes 16 v 9-10 :
« Mon cœur est dans la joie, mon esprit est dans l'allégresse et mon corps repose en sécurité. Car tu ne livreras pas mon âme au séjour des morts, tu ne permettras pas que ton bien-aimé voie la corruption. Tu me feras connaître le sentier de la vie. »

Dans ce Psaume de David, c'est le mot hébreu « shéol » qui est, à juste titre, traduit par « séjour des morts ». On le retrouve mentionné 41 fois dans l'Ancien Testament dont 12 fois dans les Psaumes.

Actes 2 v 27 :
Dans son discours à la Pentecôte, Pierre attribue les paroles du psalmiste que nous venons de citer à Jésus-Christ qui devait ressusciter :
« Car, tu n'abandonneras pas mon âme dans le séjour des morts et tu ne permettra pas que ton Saint voit la corruption. »

Il est intéressant de noter que le terme grec utilisé ici pour désigner le séjour des morts est le mot « hadès ».

Dans le Nouveau Testament, il est mentionné 9 fois.

Ainsi, shéol et hadès désignent-ils le même lieu, traduit aussi par
« séjour des morts ».
Etonnamment, Ostervald le traduit 6 fois par « enfer » et 3 fois par
« sépulcre ».

L'étymologie de ces deux mots reste incertaine :
Shéol peut signifier : insatiable.
Hadès signifierait : invisible.

L'étude biblique du « séjour des morts » démontre que sa conception
diffère radicalement selon que l'on croit en Dieu ou que l'on n'y croit
pas.

a1) les lumières de l'Ancien Testament :

De façon générale, les Anciens utilisaient indifféremment le terme
« shéol » pour désigner le lieu où se rendaient les morts heureux ou
malheureux.

Cependant, nous pouvons constater qu'existaient déjà deux
conceptions différentes de la mort et de l'après mort.

Ecclésiaste 9 v 3,10 :
« Il y a pour tous un même sort ;…après quoi ils (les hommes) vont
chez les morts……les vivants savent qu'ils mourront ; mais les morts
ne savent rien ; il n'y a pour eux plus de salaire….et ils n'auront plus
aucune part à tout ce qui se fait sous le soleil.
v 10 : Tout ce que ta main trouve à faire avec ta force, fais-le ; car, il
n'y a ni œuvre, ni pensée, ni science, ni sagesse dans le séjour des
morts où tu vas. »

La vérité qui émerge de ce texte, c'est la séparation radicale entre le
monde des vivants et celui des morts, heureux ou malheureux. C'est
l'abolition de toute vie physique, morale ou intellectuelle dans le
séjour des morts.

Il faut préciser que ce texte de l'Ecclésiaste met en lumière la conception que les non-croyants de son époque ont de la mort et de ses conséquences.

Le terme « shéol » est donc un terme générique pour désigner le lieu où vont les âmes après la mort du corps.
Est-ce à dire qu'il est le même pour tous, justes et impies ?
Nous répondrons plus loin à cette interrogation.

Cependant d'autres termes sont utilisés pour le désigner qui offrent un autre éclairage sur le sujet s'agissant des croyants.

Genèse 25 v 8 : mort d'Abraham, père des croyants :
« Il mourut après une heureuse vieillesse, âgé et rassasié de jours, et il fut « recueilli auprès de son peuple. »
2 Samuel 12 v 23 :
Après la mort de son fils issu de sa relation avec Bath-Shéba : David se lava et mangea.
« Qui sait si l'Eternel n'aura pas pitié de moi et si l'enfant ne vivra pas ? Maintenant que l'enfant est mort, pourquoi jeûnerai-je ? Puis-je le faire revenir ? J'irai vers lui, mais, il ne reviendra pas vers moi. »

Ici, se décèle une espérance de vie après la mort, une relation possible même si elle est seulement entrevue : j'irai vers lui !
La question est : où ?

1 Rois 2 v 10 :
« David se coucha avec ses pères et on l'enterra dans la ville de David. »
Or, Jérusalem n'est pas le lieu de sépulture de ses pères On en déduit que cette expression désigne l'endroit où leurs âmes ont trouvé du repos.
La sérénité de David laisse entendre qu'il s'agit d'un lieu de paix (salem) et non de tristesse et de solitude.
Ici se dessine l'idée d'un « shéol », d'un séjour des morts où le mot « mort » laisse la place au mot « vie » : qui sait si l'enfant ne vivra pas ? Autrement dit, un séjour où Dieu serait présent.

Comme nous venons de le voir, le shéol, séjour des morts, nous est apparu sous deux descriptions différentes :

Celle de l'Ecclésiaste qui en a une approche matérialiste et désabusée que l'on retrouve dans ce texte :

Ecclésiaste 3 v 19-21 :
« Car le sort des fils de l'homme et celui de la bête est pour eux un même sort ; comme meurt l'un, ainsi meurt l'autre ; ils ont tous un même souffle et la supériorité de l'homme sur la bête est nulle ; car tout est vanité. Tout va dans le même lieu ; tout a été fait de la poussière et retourne à la poussière. Qui sait si le souffle de l'homme monte en haut et si le souffle de la bête descend en bas dans la terre ? »

A cette approche matérialiste et désespérée de la vie et de la mort s'oppose la vision de celui qui croit.

Job 3 v 11 à 19 :
v 11 : « Pourquoi ne suis-je pas mort dans le ventre de ma mère ? …..v 13 : « Je serais couché maintenant, je serais tranquille, je dormirais, je reposerais….v 17 : là ne s'agitent plus les méchants, et là reposent ceux qui sont fatigués et sans force. Les captifs sont dans la paix. »
Job va plus loin en évoquant la condition des morts ; non seulement ils ont le repos mais ils ont aussi la lumière et ceci en opposition avec ses souffrances présentes.

Job 3 v 20 :
« Pourquoi Dieu donne-t-il la lumière à celui qui souffre et la vie à ceux qui ont de l'amertume dans l'âme ? »

Nous sommes ici bien loin de la conception nihiliste de l'Ecclésiaste et bien plus proche de celle de David qui parle de vie, de rencontre avec son peuple et avec ses pères !

Ainsi pour les non-croyants c'est un lieu d'oubli voire d'annihilation, pour les croyants c'est un lieu de repos.

C'est donc sous l'angle des croyants que nous allons poursuivre notre recherche.

Matthieu 17 v 3 :
Ce texte nous apprend que Moïse et Elie apparurent à Pierre, Jacques et Jean sur la montagne où Jésus fut transfiguré, prouvant que la mort ne les a pas annihilés mais qu'ils continuent à vivre.

Matthieu 22 v 31-32 : Jésus s'adresse aux sadducéens :
« Pour ce qui est de la résurrection des morts ; n'avez-vous pas lu ce que Dieu a dit : » je suis le Dieu d'Abraham, le Dieu d'Isaac et le Dieu de Jacob. Dieu n'est pas le Dieu des morts mais des vivants. »

Idem dans Luc 20 v 38 où Jésus ajoute : « car pour Lui, tous sont vivants. » Autrement dit, les impies ne sont pas anéantis par la mort.

Esaïe 14 v 9-10 : oracle sur le roi de Babylone :
« Le séjour des morts s'émeut jusqu'en ses profondeurs pour t'accueillir à ton arrivée. Il réveille devant toi les ombres, tous les grands de la terre, il fait lever de leurs trônes tous les rois des nations. Tous prennent la parole pour te dire : toi aussi, tu es sans force comme nous, tu es devenu semblable à nous ! »

Notons bien que ces grands de la terre ne sont plus que les ombres d'eux-mêmes. Mais ils sont bien présents et identifiables.

Ainsi, à la conception matérialiste présentée par Quohéleth qui enferme tous les êtres vivants dans un même anéantissement, Esaïe nous offre cette révélation divine qui vient renforcer la conviction qu'avaient reçue Abraham et David, d'une subsistance de l'âme après la mort physique.

Ezéchiel apporte aussi ses clartés lors de ses oracles sur l'Egypte envahie par le roi de Babylone.

Ezéchiel 32 v 21-31 :

v 18 : « Fils de l'homme, lamente-toi sur la multitude d'Egypte et précipite-la…dans les profondeurs de la terre avec ceux qui descendent dans la fosse !...v 20 : « entraînez l'Egypte et toute sa multitude ! Les puissants héros lui adresseront la parole au sein du séjour des morts, avec ceux qui étaient ses soutiens »…v22 : « là est l'Assyrien avec toute sa multitude. »….v 24 : « là est Elam avec toute sa multitude ; ».v 26 : « là est Tubal avec toute sa multitude. » v 29 : « là sont Edom, ses rois, ses princes qui ont couché avec des incirconcis. »
v 31 : » et Pharaon les verra. »

Nous constatons que tous ces rois ont péché par leurs ignominies, leur violence et leur cruauté et qu'ils sont réunis dans la même déchéance.

Ici encore, nous voyons émerger une double réalité :
Le séjour des morts est réservé aux impies et aux méchants ;
L'âme, l'esprit subsiste en gardant sa personnalité et son histoire passée.
D'autres textes nous révèlent que le shéol se trouve comme ouvert et exposé aux regards de Dieu.

Job 26 v 5-6 :
« Devant Dieu, les ombres tremblent au-dessous des eaux et de leurs habitants. Devant Lui, le séjour des morts est nu, l'abîme n'a point de voile. »
Autrement dit, les ombres (cf Esaïe), ces arrogants réduits à n'être que comme des zombis, tremblent devant le regard de feu du Dieu tout-puissant

Proverbes 15 v 11 confirme cette idée :
« Le séjour des morts et l'abîme sont devant l'Eternel ; combien plus les cœurs des hommes ! »

Le shéol ou hadès est donc un lieu où règnent la crainte et la peur.

Mais, voici que David va nous entraîner vers des perspectives nouvelles où par delà la mort la présence de Dieu se fera toujours sentir.
Psaumes 139 v 8 :
David sait que la présence rassurante de Dieu l'accompagnera même dans le séjour des morts.
« Si je monte aux cieux tu y es ; si je me couche au séjour des morts, t'y voilà. »

David utilise le mot shéol dans son sens générique pour exprimer sa confiance en l'omniprésence de son Dieu, mais ses déclarations inspirées sous-entendent que le shéol des impies n'a rien de commun avec celui des justes. D'un côté la crainte, de l'autre la sérénité et la joie.
C'est bien ainsi ce qu'attendent et espèrent les croyants de l'Ancienne Alliance :

Job 19 v 25-27 :
« Je sais que mon rédempteur est vivant et qu'il se lèvera le dernier de la terre. Quand ma peau serait détruite, il se lèvera ; quand je n'aurais plus de chair, je verrai Dieu ! »

Psaumes 16 v 9-11 :
« Tu ne livreras pas mon âme au séjour des morts, tu ne permettras pas que ton bien-aimé voie la corruption, tu me feras connaître les sentiers de la vie. »

David dans ce Psaume nous fait faire un pas de plus dans ce qu'il connaît des intentions divines.
Pour lui, le séjour des morts, lieu de misère réservé aux impies, n'entre pas dans ses perspectives. Il sait que son âme n'ira pas en ce lieu de tristesse mais qu'elle sera promise à l'incorruptibilité et à la vie.
Le Psalmiste au chapitre 49 v 16 réaffirme cette certitude.
Il oppose le sort des méchants et des impies à celui du fidèle :

v 15 : « leur beauté s'évanouit, le séjour des morts est leur demeure. »

v 16 : « mais Dieu sauvera mon âme du séjour des morts car Il me prendra sous sa protection. »

On s'achemine peu à peu vers l'idée que le séjour des morts perd son sens générique pour désigner précisément la demeure des âmes impies, tandis que la présence de Dieu et sa proximité apparaissent comme le lot et la destinée des âmes des croyants, des fidèles.

Asaph dans le Psaume 73 ne fait aucune référence au shéol lorsqu'il évoque sa mort :
« Je suis toujours avec toi, tu m'as saisi la main droite ; tu me conduira par ton conseil, puis tu me recevras dans ta gloire. Quel autre ai-je au ciel que toi ? »

Cette notion de séjour des morts que nous avons vu se préciser au fur et à mesure de notre étude, nous permet de distinguer deux destinées :
D'une part, le shéol réservé aux impies et aux rebelles, lieu de tourment et de dénuement, d'autre part, la proximité avec Dieu réservée aux fidèles appelés à habiter dans le « paradis » ou dans le « sein d'Abraham » dans la félicité.
C'est cette conception qui s'est développée dans la pensée juive.
C'est à elle que se référera Jésus dans ses discours l'enrichissant de précieuses précisions.

a2) les lumières du Nouveau Testament :

Luc 16 19-31 :
Ce texte décrit la condition de l'homme riche et du pauvre Lazare.
L'homme riche est allé dans le séjour des morts.
Le pauvre Lazare fut porté par les anges dans le sein d'Abraham.

L'homme riche est en proie aux tourments.
Lazare est dans la consolation.

Entre le hadès et le sein d'Abraham se trouve un grand abîme infranchissable.

Ainsi, dès son départ, le croyant entre dans un repos conscient avec son Dieu.

C'est le « paradis » (parc) promis par Jésus au brigand repenti sur la croix, le jour même de sa mort. (Luc 23 v 43).

Quant à l'impie, il est introduit en possession de ses pleines facultés dans le séjour des morts, sans issue de sortie, comme en détention préventive, pour attendre la deuxième résurrection, le jugement dernier et la détention à perpétuité.

Les propos de l'apôtre Paul viennent à l'appui de ce que nous venons de décrire :

Philippiens 1 v 21-24 :
« Christ est ma vie et la mort m'est un gain…v 3 : « Je suis pressé des deux côtés : j'ai le désir de m'en aller et d'être avec Christ ; ce qui est de beaucoup le meilleur. »

En disant cela, il se fait l'écho des paroles de Jésus lors de la mort de son ami Lazare :

Jean 11 v 24 :
« Je suis la résurrection et la vie. Celui qui croit en moi vivra, quand même il serait mort ; et quiconque vit et croit en moi ne mourra jamais ! »

Ce « jamais » exclut définitivement toute idée d'une séparation de la présence vitale de Dieu, même temporaire.

L'Apocalypse nous renvoie aussi à ce bonheur immédiat des rachetés après leur mort physique :

Apocalypse 14 v 13 :
« Heureux dès à présent ceux qui meurent dans le Seigneur. »

Merveilleuse espérance qui s'offre à ceux qui ont mis leur confiance, dès ici-bas, en Celui qui est le premier né d'entre les morts, Jésus-Christ le Ressuscité !

Un dernier point sur ce qu'il adviendra du shéol lors de l'avènement du Christ et de la récapitulation de toutes choses.

Apocalypse 20 v 13-14 :
« La mer rendit les morts qui étaient en elle, la mort et le séjour des morts rendirent les morts qui étaient en eux ; et chacun fut jugé selon ses œuvres.
Et la mort et le séjour des morts furent jetés dans l'étang de feu. C'est la seconde mort, l'étang de feu. Quiconque ne fut pas trouvé écrit dans le livre de vie, fut jeté dans l'étang de feu. »

b) L'étang de feu, la géhenne :

Comme nous allons le voir, il y a analogie entre l'étang de feu et la géhenne.
Le Seigneur Jésus reprend à plusieurs reprises le terme de géhenne, dont nous verrons plus loin l'origine, pour désigner l'étang de feu.

Matthieu 5 v 22 :
« Celui qui dira « raca » à son frère, mérite d'être puni par le feu de la géhenne. »
Littéralement, le mot raca signifie : vide, écervelé, ignorant.
A noter aussi qu'il parle du « feu » de la géhenne.

Matthieu 5 v 29 :
« Si ton œil droit est pour toi une occasion de chute, arrache-le et jette le loin de toi ; car, il est avantageux pour toi qu'un seul de tes membres périsse et que ton corps entier ne soit jeté dans la géhenne. »
Idem v 30 avec la main droite.

Matthieu 18 v 8-9 :
Jésus reprend le même avertissement en modifiant la formulation et en en précisant le sens.
« Mieux vaut entrer dans la vie boiteux ou manchot que d'avoir deux pieds et deux mains et d'être jeté dans le feu éternel…Mieux vaut pour toi entrer dans la vie, n'ayant qu'un œil, que d'avoir deux yeux et d'être jeté dans le feu de la géhenne. »
La géhenne est bien définie comme le feu éternel.

Marc 9 v 43-44, 47 :
Nous avons ici une reprise par Marc du texte de Matthieu concernant la main et le pied avec cette précision : « aller dans la géhenne, dans le feu qui ne s'éteint point. »
v 47 :
« Mieux vaut entrer dans le royaume de Dieu n'ayant qu'un œil, que d'avoir deux yeux et d'être jeté dans la géhenne, où leur ver ne meurt jamais et où le feu ne s'éteint point. » (ver = corruption)

Matthieu 10 v 28 :
« Ne craignez pas ceux qui tuent le corps et qui ne peuvent tuer l'âme ; craignez plutôt celui qui peut faire périr l'âme et le corps dans la géhenne. »

Matthieu 23 v 15, 33 :
« Malheur à vous, scribes et pharisiens hypocrites ! Parce que vous courez la mer et la terre pour faire un prosélyte ; et quand il l'est devenu, vous en faites un fils de la géhenne deux fois plus que vous ! »
v 33 : « Serpents, race de vipères ! Comment échapperez-vous au châtiment de la géhenne ? »

Huit fois de suite, Jésus prononce des malédictions contre les conducteurs spirituels du peuple d'Israël.

La douzième mention du mot « géhenne » est celle qu'en fait Jacques quand il compare la langue au gouvernail d'un bateau.
Jacques 3 v 4 :
« De même, la langue est un petit membre et elle se vante de grandes choses. Voici comment un petit feu peut embraser une grande forêt. La langue aussi est un feu ; c'est le monde de l'iniquité.
La langue est placée parmi nos membres, souillant tout le corps, et, enflammant le cours de la vie, étant elle-même enflammée par la géhenne.....v 9 : elle est pleine d'un venin mortel ! »

Jacques ajoute : « il ne faut pas, mes frères qu'il en soit ainsi. »
Il ressort de tous ces textes que Jésus lui-même utilise le mot « géhenne » pour désigner, non seulement une forme

d'incarnation du mal corrupteur – les fils de la géhenne – mais aussi ce lieu où brûle un feu permanent qui reçoit pour l'éternité tous ceux qui se sont mis au service du mal.
En utilisant le mot « géhenne », Jésus fait référence à un lieu dont la destination à une certaine époque rend l'image encore plus terrible.

En effet, ce mot tire son origine de l'expression hébraïque « Ge Hinnon », vallée de Hinnon.
Or, cette vallée, située au voisinage de Jérusalem, avait été consacrée au dieu Moloc en l'honneur duquel étaient immolés des enfants.

Le roi Josias qui régna 31 ans à Jérusalem, de l'âge de 8 ans à l'âge de 39 ans, succéda à son père Amon dont le règne de 2 ans, abrégé par son assassinat, fut à l'image de celui de Manassé son père, c'est-à-dire, en abomination devant l'Eternel. Esaïe était alors prophète en Israël. Manassé alla même jusqu'à faire passer son fils par le feu et fit mourir tant de sang innocent que Jérusalem en fut rempli d'un bout à l'autre.
Cette abomination dura 51 longues années !

C'est donc à une véritable révolution spirituelle que nous assistons après que Hilkija, souverain sacrificateur, ayant trouvé le livre de la loi dans le temple, en informa Josias qui, bouleversé par ce qu'il lisait, déchira ses vêtements, pleura devant l'Eternel et prit des mesures drastiques d'éradication de l'idôlatrie.
Parmi celles-ci, voici celle que nous révèle le verset 10 du chapitre 23 du 2° livre des Rois :
« Le roi souilla Topheth dans la vallée de Hinnon afin que personne ne fit plus passer son fils ou sa fille par le feu en l'honneur de Moloc. »
Topheth est l'endroit dans la vallée de Hinnon où se pratiquaient les sacrifices.

Nous sommes aux environs de 626 Av J.C. Cinq ans plus tard, Josias commença la restauration du temple.

Quelques années plus tard, le prophète Jérémie rappellera cette abomination en ces termes :

Jérémie 7 v 31 :
« Ils ont bâti des hauts lieux à Topheth dans la vallée de Hinnon pour brûler au feu leurs fils et leurs filles ; c'est pourquoi, voici, les jours viennent, dit l'Eternel, où l'on ne dira plus Topheth et la vallée de Hinnon, mais où l'on dira « la vallée du carnage », et l'on enterrera les morts à Topheth par défaut de place. Les cadavres de ce peuple seront la pâture des oiseaux du ciel et des bêtes de la terre. »

Cette sombre vallée fut transformée en cloaque où l'on venait jeter les immondices de la ville comme à la décharge publique et où se consumaient les cadavres des malfaiteurs, car on y entretenait, dans un souci sanitaire, un feu continuel.

C'est ainsi que le mot »géhenne » évoque un lieu profond, nauséabond et insalubre, rempli de matières impures consumées par un feu permanent.

Cette notion du feu qui consume ce qui est impur avait été évoquée cent ans auparavant par Esaïe parlant des rétributions de l'Eternel.
Esaïe 66 v 24 :
« Et, quand on sortira, on verra les cadavres des hommes qui se sont rebellés contre moi ; car leur ver ne mourra point et leur feu ne s'éteindra point, et ils seront pour toute chair un objet d'horreur. »

La géhenne est donc un lieu de châtiment éternel pour tout ce qui aura été une abomination aux yeux de Dieu.

Jésus devait évoquer cette triste réalité comme nous l'avons vu, mais, déjà Jean Baptiste en avait fait état dans Matthieu 3 v 12 :
« Il a son van à la main : il nettoiera son aire, et il amassera son blé dans le grenier ; mais il brûlera la paille dans un feu qui ne s'éteint point. »

C'est à l'Apocalypse que nous devons les derniers éclaircissement sur les ressortissants de ce qui est désormais appelé « l'étang de feu et de soufre ».

Apocalypse 19 v 20 :
« Et la bête fut prise et avec elle le faux prophète qui avait fait devant elle les prodiges par lesquels il avait séduit ceux qui avaient pris la marque de la bête et adoré son image.
Ils furent tous les deux jetés vivants dans l'étang de feu et de soufre. »

Apocalypse 20 v 10 :
« Et le diable qui séduisit les nations fut jeté dans l'étang de feu et de soufre où sont la bête et le faux prophète. Et ils seront tourmentés jour et nuit, aux siècles de siècles. »

Apocalypse 20 v 12 :
« Et les morts furent jugés selon leurs œuvres, d'après ce qui est écrit dans ces livres. La mer rendit les morts qui étaient en elle, la mort et le séjour des morts rendirent les morts qui étaient en eux et chacun fut jugé selon ses œuvres. Et la mort et le séjour des morts furent jetés dans l'étang de feu C'est la seconde mort, l'étang de feu. Quiconque ne fut pas trouvé écrit dans le livre de vie fut jeté dans l'étang de feu. »

Ainsi l'étang de feu devient-il le séjour maudit de ceux qui, hommes ou femmes, refusèrent d'adorer le Créateur, de la Bête, autrement dit de tout ce qui incarne ce qui est contre Christ et contre l'Esprit Saint, en un mot, une forme de syncrétisme philosophico-scientifico-religieux qui peu à peu se développe dans le champ d'une pensée universelle, sous l'impulsion du faux prophète au fort pouvoir de séduction, de Satan, le diable, inspirateur de tout mal et enfin, de la mort et du séjour des morts.

C'est ainsi que tout ce qui aura participé à la propagation du mal, du péché, de l'erreur et du mensonge, se trouvera enfermé, vivant, en ce lieu sans issue, tenu éternellement à l'écart de Celui qui la source de toute vie.

V) Dernières considérations sur Satan :

Comme nous l'avons vu dans le chapitre le concernant, Satan qui occupait une place éminente dans le ciel de Dieu, si éminente que dans son cœur germa l'idée de le supplanter, qui possédait un pouvoir et une autorité tels qu'il en usa et en abusa au point d'entraîner avec lui une foule d'anges séduits par ses raisonnements, fut précipité avec eux dans le « tartare » exerçant dès lors son pouvoir maléfique sur les populations humaines.

1) Ses titres :

Ses multiples titres nous renseignent sur sa personnalité vénale et foncièrement mauvaise.

- Le diable : le calomniateur (Matt 4 v 8)
- Satan : l'adversaire (Zach 3 v 2)
- Le prince de la puissance de l'air (Eph 2 v 2)
- L'esprit qui agit dans les fils de la rébellion (idem)
- Le prince des démons (Matt 9 v 34)
- Le prince de ce monde (Jean 12 v 31)
- Le prince de ce monde de ténèbres (Eph 6 v 12)
- L'accusateur des croyants (Apo 12 v 10)
- Le malin (Matt 13 v 38)
- L'ennemi (Matt 12 v 25,39)
- Le tentateur (Matt 4 v 1)
- Le dieu de ce siècle (2 Cor 4 v 4)
- Le serpent ancien (Apo 12 v 9) appelé le diable et Satan
- Le dragon (Apo 20 v 2) le serpent ancien
- Le menteur, père du mensonge (Jean 8 v 44)
- Meurtrier dès le commencement (Jean 8 v 44)
- Comparé à un lion qui cherche à dévorer (1 Pi 5 v 8)
- Il peut se déguiser en ange de lumière (2 Cor 11 v 14)

2) ses pouvoirs et leurs limites :

Nous serions tentés, à l'évocation de ses titres de penser que le règne de Satan sur l'humanité s'exerce sans limites et dans la plus totale liberté.
Il est vrai que son action ne manque ni d'amplitude – elle est universelle- ni d'efficacité – elle touche jusqu'au cœur de l'homme.

N'est-il pas celui qui calomnie Dieu lui-même et le rabaisse au point de conduire l'homme à nier son existence ?
N'est-il pas celui qui instille dans le cœur des hommes des sentiments de rébellion à son égard ?
N'est-il pas celui qui plongea le cœur des hommes dans la spirale infernale du péché par la convoitise et la tentation ?

« Vous serez comme des dieux ! » n'est-il pas ce slogan qui, depuis Adam et Eve, est publié par le père du mensonge ?
N'est-il pas l'accusateur de ceux qui, refusant ses suggestions mensongères, mettent tout en œuvre pour rester fidèles à leur Dieu, cherchant à les culpabiliser en les faisant douter du pardon divin ?

Et cependant, quelle que soit l'ampleur des dégâts qu'il a provoqués jusqu'à ce jour dans l'humanité, nous pouvons être assurés que l'Adversaire reste soumis à l'autorité souveraine de Celui au regard duquel rien n'est caché.
Qui plus est, l'histoire biblique nous enseigne que la venue du Fils de Dieu sur terre, sa mort puis sa victoire sur la mort par sa résurrection ont fortement modifié le rapport des forces en présence sur l'échiquier divin.
A l'appui de cette affirmation, voici quelques éléments à souligner.

a) Satan fut chassé du ciel :

La rébellion de Satan et de ses anges n'a en rien entamé la souveraineté de Dieu. Son expulsion du ciel et son enfermement dans les profondeurs du tartare où il est retenu par les chaînes des ténèbres, attestent de cette réalité.

b) Il est un prince aux pouvoirs limités :

Les titres qui lui sont donnés attestent eux-mêmes de la limitation de son pouvoir.
Il est bien le prince de la puissance de l'air, le prince des démons, le prince de ce monde de ténèbres.
Autrement dit, il est le premier, le grand ordonnateur, le grand organisateur de cette fronde anti-Dieu.
Mais, il n'est pas le Roi, il n'est pas le Souverain !
Son pouvoir est limité par le Roi de l'univers et il ne peut se soustraire à son autorité.

c) Dieu est souverain :

Cette souveraineté du grand Dieu des cieux, outre qu'elle tisse la trame des pages de la Bible, se manifeste sans cesse tout au long de l'histoire des hommes, de celle du peuple d'Israël et de celle de l'Eglise.
Déjà, dès l'aube de l'humanité, elle est proclamée par un décret de Dieu qui annonce au serpent que la postérité de la femme lui écrasera la tête (Gen 3 v 15).
Par la suite, chaque intervention de Dieu par l'envoi de ses anges, par ses théophanies ou par ses prophètes, marquera le champ d'action de Satan d'autant de signes qui lui rappelleront les limites de son pouvoir.
Les belles et grandes figures anté-diluviennes comme celles d'Abel ou d'Enoch (l'initié, le consacré) qui ne fut plus « car Dieu le prit » (Gen 5 v 18/ Heb 11 b 5), ou encore comme celle de Noé (celui qui nous consolera) appelé par Pierre « prédicateur de la justice » (2 Pi 2 v 5) sont les premiers monuments de foi érigés à la face du père du mensonge comme autant de preuves des limites de son pouvoir.

Le déluge lui-même atteste universellement l'autorité souveraine du Dieu Très-Haut.

Plus tard, se dresse, majestueuse, la haute stature d'Abraham, le père des croyants.

A travers cet illustre personnage, c'est l'occasion pour l'Eternel de marquer de son sceau son omniprésence au cœur même de l'histoire des hommes, nonobstant l'entreprise mensongère et subversive du diable.
Il va le faire par une promesse qu'il réitèrera à ses descendants, Isaac et Jacob et qui trouvera sa réalisation dans la descendance spirituelle de Jésus-Christ.
Genèse 12 v 1-3 :
« Je ferai de toi une grande nation, et je te bénirai ; je rendrait ton nom grand, et tu seras une source de bénédiction. Je bénirai ceux qui te béniront et je maudirai ceux qui te maudiront ; et toutes les familles de la terre seront bénies en toi. »
Ainsi, Dieu sera-t-il présent au monde au travers du « peuple élu » qui devra porter sa lumière aux autres nations.

Puis, c'est dans le jaillissement éblouissant de sa gloire assourdissante que, l'Eternel, déchirant les ténèbres du tartare, descendra sur le Sinaï pour donner à Moïse les tables de la loi qui, tout en exprimant ses volontés au travers du décalogue, révèleront au peuple la majesté et la sainteté de son être divin.

Par ce geste, l'Eternel annonce aux hommes, par l'entremise de son peuple, que toutes les autres religions ne sont que mensonges éhontés. Par la suite, ses interventions miraculeuses en faveur de son peuple ou pour le remettre dans le droit chemin, seront autant de preuves de sa souveraineté sur tout ce qui vit.

d) L'acharnement aveugle de Satan:

Est-ce à dire que l'Adversaire va renoncer à poursuivre sa guerre contre Dieu et ses fidèles ?
Nullement, car cet être orgueilleux au dessus de tout, persiste à croire qu'il pourra venir à bout de la puissance de Dieu. Ne se prend-il pas lui-même pour son égal, lui qui avait dit à Adam et Eve qu'ils seraient comme des dieux ?

Pour l'heure, alors que son œuvre de séduction se développe avec d'autant plus d'efficacité que depuis la chute le cœur de l'homme est tourné vers le mal, Satan s'emploie avec frénésie et sans vergogne à traiter avec Dieu en lui jetant à la face les faiblesses de ceux qui se présentent comme ses serviteurs, ses fidèles et ses adorateurs.

Bien qu'ancien, l'exemple de Job qui est toujours d'actualité, en est une claire illustration et lève le voile sur ses tactiques.

Cet homme intègre et pieux de l'Ancien Testament habitait le pays d'Uts, quelque part à l'Est de la Palestine à proximité du désert, en un temps où les Chaldéens faisaient des incursions à l'Ouest.
Le livre de Job nous relate les expériences remarquables qu'il a vécues, au cœur desquelles surgit cette question :
« Pourquoi Dieu permet-Il la souffrance des justes ? »

Le prophète Ezéchiel parle de lui en l'associant à Noé et Daniel comme étant les seuls qui seraient sauvés du milieu d'un peuple pécheur. Sauvés à cause de leur justice !
Les prenant alors pour exemples, l'Eternel annonce l'existence future « d'un reste qui échappera » lorsque le malheur viendra sur Jérusalem. (Ezé 14 v 12-23)

Ainsi Job, juste parmi les justes, est-il l'objet de l'attention perfide de l'Adversaire qui veut, en usant de tous les moyens, le conduire à renier son Dieu. Mais, pour ce faire, Satan doit obtenir l'autorisation de Dieu en personne !
A plusieurs reprises, Satan va éprouver Job, d'abord en portant atteinte à ses biens, puis à sa famille, puis à sa santé.
Interpellé par Dieu sur la fidélité de son serviteur qui ne faiblit pas, Satan argue du fait que Dieu le protège et que c'est pourquoi Job résiste. L'Eternel lui livre alors Job mais avec l'interdiction de toucher à sa vie.
En dépit de ses souffrances, de sa solitude, de son dénuement, Job restera fidèle à son Dieu. Etant sorti vainqueur de cette terrible épreuve pour sa foi, Dieu lui accordera une prospérité supérieure à celle qu'il possédait avant.

Cette histoire douloureuse mais à l'heureux dénouement, nous montre à l'évidence que déjà à cette époque, probablement sous Salomon

(950 av J-C) le diable n'avait pas les coudées franches puisqu'il devait en référer à l'Eternel pour exercer son pouvoir sur ses fidèles.

e) La souveraineté du Fils de Dieu :

Mais, voici qu'une ère nouvelle va s'ouvrir avec la venue du Fils même de Dieu sur la terre des hommes, et que sa mort et sa résurrection suivie de l'envoi de son Esprit dans le cœur des croyants vont modifier de façon significative les rapports de force avec l'Adversaire.

Déjà, lors du vivant de Jésus, alors que les 70 disciples envoyés en mission reviennent, ils débordent de joie en rendant compte de leurs actions (Luc 10 v 17) :
« Seigneur, les démons mêmes nous sont soumis en ton nom ! »

Pour eux, chasser les démons en prononçant le seul nom de Jésus-Christ, relève d'une action surnaturelle et souligne toute la puissance du nom invoqué. Pour Jésus, cette nouvelle a une autre dimension car elle est révélatrice de son autorité sue les puissances de ténèbres par le seul rappel de son identité.

Jésus leur répond ceci :
« Je voyais Satan tomber du ciel comme un éclair. »
Puis il ajoute : « Voici, je vous ai donné le pouvoir de marcher sur les serpents et les scorpions et sur toute puissance ennemi ; et rien ne pourra vous nuire. »
Puis, « Jésus tressaillit de joie par le Saint-Esprit en louant le Père qui lui avait donné toutes choses. »
Et, il ajouta : « heureux les yeux qui voient ce que vous voyez ! »

Manifestement, tout ce qui vient de se passer et qui démontre la soumission de Satan à l'autorité du Christ et même de ses disciples, signe le début d'une économie nouvelle dans les rapports entre l'Adversaire et les disciples de Jésus.

Cependant, les véritables changements s'opèreront lorsque le « tout est accompli ! » du crucifié aura été prononcé, lorsque sa résurrection aura signé sa victoire sur la mort, lorsque son ascension l'aura installé sur son trône à la droite du Père, et enfin, lorsque son Esprit-Saint, le Paraclet, sera venu habiter dans le cœur de tous ses disciples le jour de la Pentecôte.

Matthieu 28 v 18-20 :

La scène qui suit précède l'ascension de Jésus. Il est avec les onze apôtres et avant de les quitter, voici ce qu'il leur dit :

« Tout pouvoir m'a été donné dans le ciel et sur la terre. Allez, faites de toutes les nations des disciples, les baptisant au nom du Père, du Fils et du Saint-Esprit et enseignez-leur à observer tout ce que je vous ai prescrit. Et, voici, je suis avec vous tous les jours, jusqu'à la fin du monde. »

Ce « tout pouvoir m'a été donné dans le ciel et sur la terre » désigne de façon magistrale la souveraineté universelle de Celui qui est le Seigneur des Seigneurs, dont l'autorité s'exerce aussi radicalement à l'endroit de l'Adversaire vaincu mais qui, blessé à mort va utiliser ses dernières forces pour tenter de réaliser ses desseins insensés.

f) Les armes du chrétien contre Satan :

En ce qui concerne l'action du diable contre les chrétiens, ses cibles favorites, son pouvoir déjà limité comme nous l'avons vu avec Job, perd toute force lorsque le nom du Christ est invoqué.

Romains 8 v 32-35 :
« Si Dieu est pour nous, qui sera contre nous ? Qui accusera les élus de Dieu ? C'est Dieu qui justifie ! Qui les condamnera ? Christ est mort, bien plus, il est ressuscité, il est à la droite de Dieu et il intercède pour nous ! Qui nous séparera de l'amour de Christ ? »

Jacques 4 v 7 :
« Soumettez-vous donc à Dieu. **Résistez** au diable et il fuira loin de vous. Approchez-vous de Dieu et Il s'approchera de vous. »

Voilà la démarche efficace par laquelle nous avons tout pouvoir contre l'Adversaire !

1 Pierre 5 v 8-9 :
« Soyez sobres, veillez ! Votre adversaire le diable rôde comme un lion rugissant cherchant qui il dévorera. **Résistez**-lui avec une foi ferme. »

1 Jean 5 v 18 :
« Nous savons que quiconque est né de Dieu ne pèche point ; mais, celui qui est né de Dieu se garde lui-même et le malin ne le touche pas. »

Romains 16 v 19-20 :
« Je désire que vous soyez sages en ce qui concerne le bien, et purs en ce qui concerne le mal. Le Dieu de paix écrasera bientôt Satan sous ses pieds. »

Nous voilà donc rassurés et assurés d'avoir trouvé en Jésus-Christ un protecteur parfait contre les manigances de l'Adversaire.
Et s'il nous arrive encore de pécher, nous avons en Lui un avocat qui nous garantit un pardon total, parfait et toujours renouvelé.

1 Jean 2 v 1 :

« Et, si quelqu'un a péché, nous avons un avocat auprès du Père, Jésus-Christ, le Juste. Il est lui-même une victime expiatoire pour nos péchés, non seulement pour les nôtres, mais aussi pour ceux du monde entier. »

TABLE DES MATIERES :

Les anges au service de Dieu

Introduction : 4

A) Ce que sont les anges : 5
   1) les anges sont des êtres réels :
   2) les anges constituent une famille :
   3) les anges sont différents des hommes :
      a) les anges n'appellent pas Dieu, notre Père :
      b) les anges ne sont pas les héritiers de Dieu :
      c) les anges ne peuvent témoigner du salut par grâce :
      d) les anges ne peuvent connaître le même type de communion avec Dieu que les rachetés :
      e) les anges ne peuvent pas procréer :
      f) autres différences avec les hommes :
   4) les anges sont nombreux :
   5) les anges sont élevés et puissants en gloire :
   6) les anges sont organisés :
      a) l'archange Michel :
      b) Gabriel, autre grande figure angélique :
      c) les séraphins, ardents et brûlants :
      d) les chérubins :

B) Ce que font les anges : 26
   1) le concours des anges dans l'œuvre de Dieu :
   2) les anges dans la vie de Jésus :
      a) la tentation de Jésus au désert :
      b) la tentation de Jésus à Gethsémané :
      c) les anges veillent près de la croix :
      d) les anges à la résurrection :
      e) les anges lors de l'ascension de Jésus :

C) Le ministère des anges auprès des enfants de Dieu. 33
   1) Dieu est sur son trône et les anges attendent ses ordres :
   2) exemples d'interventions angéliques :
   3) chaque enfant de Dieu a des anges gardiens :

4) l'intérêt porté par les anges à l'œuvre du salut :

5) l'ange de l'Eternel :
6) les théophanies :
    a) les théophanies dans l'Ancien Testament :
    b) Dieu présent dans la personne de son Fils :
    c) Dieu présent au monde au travers de son Eglise :
    d) La révélation de Dieu lors de la résurrection :

L'itinéraire de Satan, ange déchu

Introduction : 51

I) Le diable est bien réel : 53

II) Origine du diable : 54

    1) parenthèse sur le mal :
    2) retour sur l'origine de Satan :
    3) regards sur les lieux célestes que Satan dut quitter :
    4) en résumé :

III) Le monde visible, terrestre : 65

    1) notre univers :
    2) le cosmos :
    3) le monde visible en bref :

IV) Le monde invisible, céleste : 71

    1) le ciel, demeure de Dieu :
        a) le troisième ciel :
        b) la cité sainte :
        c) le ciel de Dieu est au-delà :
    2) le tartare appelé abîme :
        a) la nouvelle demeure de Satan :
        b) récapitulatif :
    3) les relations entre ces trois mondes
        a) les rapports de l'homme avec le monde des ténèbres :
        b) les rapports entre les hommes et le monde divin :

        b1) histoire tragique d'une rupture :
        b2) histoire du plan de salut de Dieu :
    4) le shéol, le hadès ou séjour des morts et la géhenne
       a) le séjour des morts :
         a1) les lumières de l'Ancien Testament :
         a2) les lumières du Nouveau Testament :
       b) l'étang de feu et de soufre, la géhenne

V) Dernières considérations sur Satan : ……………………………..105

   1) ses titres :
   2) ses pouvoirs et ses limites :
     a) Satan chassé du ciel :
     b) un prince aux pouvoirs limités :
     c) un Dieu souverain :
     d) l'acharnement aveugle de Satan :
     e) la souveraineté du Fils de Dieu :
     f) les armes du chrétien contre Satan :

Oui, je veux morebooks!

I want morebooks!

Buy your books fast and straightforward online - at one of the world's fastest growing online book stores! Environmentally sound due to Print-on-Demand technologies.

Buy your books online at
www.get-morebooks.com

Achetez vos livres en ligne, vite et bien, sur l'une des librairies en ligne les plus performantes au monde!
En protégeant nos ressources et notre environnement grâce à l'impression à la demande.

La librairie en ligne pour acheter plus vite
www.morebooks.fr

OmniScriptum Marketing DEU GmbH
Heinrich-Böcking-Str. 6-8
D - 66121 Saarbrücken
Telefax: +49 681 93 81 567-9

info@omniscriptum.com
www.omniscriptum.com

www.ingramcontent.com/pod-product-compliance
Lightning Source LLC
Chambersburg PA
CBHW031155160426
43193CB00008B/378